论法的精神

［法］查理·路易·孟德斯鸠 著　张雁深 译

MONTESQUIEU

云南出版集团
云南人民出版社

果麦文化 出品

孟德斯鸠和他的著作

张雁深

在十八世纪法国启蒙时期，进步的资产阶级是首先以思想斗争的形式向腐朽的封建主义进攻的。这时期的进步思想是推动其后的政治、革命斗争的重要动力。孟德斯鸠是这个时期杰出的先进思想家之一；他的著作是人类进步传统的一个重要的组成部分，是人类文化的宝贵遗产。为便利读者了解孟德斯鸠和他的著作，在译文前面写了这篇短文，仅供参考。

一、家庭出身

1689 年 1 月 18 日，孟德斯鸠出生在法国波尔多（Bordeaux）附近拉柏烈德庄园（Château de la Brède）。那时候他的名字是查理·路易·德·色贡达（Charles Louis de Secondat）。色贡达这个家族是贵族世家，历代服务于纳瓦尔（Navarre）朝廷。纳瓦尔这个王国在九世纪建国，到十七世纪初年已完全成为法国的一部分。孟德斯鸠的高祖父购买了"孟德斯鸠领地"。纳瓦尔王国的亨利三世，也就是后来的法国王亨利四世,把这块领地升为"伯爵辖地",以酬其先祖服务朝廷的功劳。孟德斯鸠祖父任波尔多议会议长——这是一个可以买卖的世袭职位,后由他的伯父继承。他的父亲拒绝了当教士的机会,选择了军人的职业。

1713年父亲死;1716年他继承伯父任波尔多议会议长的职务,并依遗嘱承袭了伯父"孟德斯鸠男爵"的尊号,所以他的名字成为"查理·路易·德·色贡达,拉柏烈德和孟德斯鸠男爵"(Charles-Louis de Secondat, baron de la Brède et de Montesquieu)。这个称号就标记着他的贵族世家的出身。

他和加尔文教派的一位有钱的女子结婚;她带来了十万镑嫁资。后来他因为不喜欢议长职务,又因一时需要钱,就把该职务卖掉。这个职务是一笔巨大财产,可卖到七八十万镑。孟德斯鸠卖了多少钱,今已无考;但据估计约在六十万镑左右。他每年从卖金得到的利息收入达二万九千镑之多。这就使他的家庭经济生活过得十分富裕。

他年轻时代专攻法律,也当过律师,又有政治经验,但他也很喜欢历史、哲学、自然科学等多种学问。他既好学,又有经济力量和充裕的时间去周游列国,吸收经验和知识,从事著述,终于完成了《论法的精神》这样重要的著作。

他在1755年2月10日死去。

二、时代背景

孟德斯鸠生活在法国十七世纪末和十八世纪前半期,值法国腐朽的封建主义和君主专制发展到最高峰正要急剧转向没落的时代,也就是1789年法国资产阶级大革命风暴席卷法国的前几十年。当时法国的统治阶级是封建主阶级，它包括贵族和高级僧侣两大社会集团；专制的国王政府就是这个阶级的专政机关。其余则是"第三等级"，包括各阶层的居民，其中除了资产阶级和农民之外，还有手工业者和尚未形成为独立阶级的手工工场工人。

这时法国封建主阶级和专制政府对广大人民的压迫是无所不用其极。宫廷和贵族的奢侈生活就建筑在苛捐杂税和残酷剥削之上。加上长期的战争、饥馑、疫疠，真是民不聊生。受到封建榨取的农民和受到重税压迫、饱受创伤的资产阶级，尤感切肤之痛。农民的起义，此起彼伏，说明政治、经济危机已非常尖锐。那位说"朕就是国家"的专制主义代表者路易十四(1638—1715)也已预见到，在他之后就是"洪水"！

但是这个时期，起义农民没有力量单独推翻封建主义和专制主义。以重利盘剥为主要生活来源的资产阶级在专制主义之下虽被压迫，但仍有发财的机会，所以它不能是激进的革命者。

这就是孟德斯鸠所处的时代。

到了十八世纪中叶，工业革命在法国逐渐展开，工业资产阶级的利益和专制主义愈加势不两立，革命时机才进一步成熟。

我们在下面将看到，这个历史形势给孟德斯鸠提出了反封建、反暴政、反教会的时代任务和思想主题，同时也规定了他的思想的"妥协的""温和的""谨慎的"性格。

其次，从意识形态来说，这个时期有三种情况值得注意。第一是某些先驱哲学思想的存在，尤其是英国培根（F. Bacon, 1561—1626）的实验主义和法国笛卡尔（R. Descartes, 1596—1650）的理性主义。

3

第二是同时代的进步思想家的活动。这时期站在新兴资产阶级的立场的进步历史家、科学家、哲学家、作家、进步人士等，都先后出头来抨击封建主义的腐败社会秩序，或提出新的初期资产阶级的社会理想。——这些活动都是在专制主义容许的范围内进行的。第三是作为人类近代史的开端的英国资产阶级革命的思想的传布。这个革命产生了新的社会形态，在那里取得了统治地位的资产阶级思想便自然地传布到毗邻的法国。这些情况，作为意识形态方面的时代背景，对孟德斯鸠的思想产生了特别显著的影响。

三、主要著述及理论影响

孟德斯鸠是时代的产儿，也是时代的改造者。

他站在他的时代进步的前锋，用他的热情、智慧、渊博的知识和犀利的文笔，坚决地勇敢地攻击封建主义，为新兴的资产阶级提出进步的社会理论，对促使旧社会的死亡和新社会的产生，起了重要的作用。

甲、三本代表作的出版

他的进步的社会学说主要集中在三本代表性的著作里：

Ⅰ.《波斯人信札》

这是他在1721年化名"彼尔·马多"（Pierre Marteau）出版的。这时他已经离开学校进入社会十三年了，已当过律师，又在波尔多议会工作了七年，并在议会中当了议长三年；他对法国的政治、社会的腐败已有了具体的认识，并深感不满；所以他在这本书里假托了两个周游欧洲的波斯贵族的彼此通信，以及他们和朋友、爱人、仆人等的通信，从不同地位与角度，对法国当时的社会进行抨击。

《波斯人信札》出版后大为流行；孟德斯鸠由一个省的人物一跃而为全国注目的人物了。但是这本书却引起了统治阶级的不满。国王路易十五（1710—1774）依据佛洛里（A. H. Fleury）（1654—1743）红衣主教的报告，曾一度无理地拒绝批准孟德斯鸠为法国科学院院士，就是明证。

Ⅱ.《罗马盛衰原因论》

上书出版后，孟德斯鸠就继续研究政治、法律问题。1726年连议长也不当了；旋即到各国旅行考察，回国后自1731年起三年闭门不出，整理所搜集的资料，专事著述，1734年就出版《罗马盛衰原因论》。

这本书虽然不像《波斯人信札》那样风行，但却是一本更严肃的著作。它是《论法的精神》的前奏，并且在思想上和后者有紧密的联系。

Ⅲ.《论法的精神》

这本书是1748年出版的；是孟德斯鸠一生辛勤研究的最后成果；是他的理论的总结。比其前两部著作，内容更为丰富，体系更为完整、严密，是他著作中最重要、影响最大的一本；是亚里士多德以后第一本综合性的政治学著作；是到他的时代为止最进步的政治理论书。

这本书的主要内容：

1.法律的定义、法律和政体的关系、政体的种类和它们各自的原则。（1—10章）

2.政治自由和分权学说、英国的范例。（11—13章）

3.地理与政法关系的学说及各种推论。（14—19章）

4. 工业、商业、人口、宗教等问题。（20—25章）

5. 罗马和法国法律的变革、关于封建法律的学说。（27—28，30—31章）

6. 一般性结论。（26和29章）

这本书出版后，轰动一时，不到两年印行了二十二版，又有许多外文译本。但是这本书却引起了反动统治阶级，尤其是教会的异常嫉恨；耶稣会士反对它；詹森会士对它进行野蛮的攻击；政府注意它；罗马检查它；巴黎大学和主教会议要把它列为禁书。孟德斯鸠为回答这些攻击，在1750年匿名发表了《为〈论法的精神〉辩护与解释》一文，再版时又增加了一些"解释"。这在我们的译本里可以看到。

乙、新科学方法的尝试

社会、历史领域的真正科学理论是由十九世纪的无产阶级理论家完成的。但是，在"前科学"的时期，孟德斯鸠对这部门科学的形成、发展，曾做出了巨大的贡献。

孟德斯鸠为着和当时神学的上帝创造人类历史的迷信主义、愚民政策作斗争，就需要有科学的武器。这是推动他的新科学方法产生的原因。

在《罗马盛衰原因论》和《论法的精神》这两本书里，他企图以丰富的历史事实为根据，建立起国家与法的一般性的规律与原则，寻找出历史演进的规律。

在法律科学方面，孟德斯鸠在方法上的贡献也是巨大的。孟德斯鸠以前的法律学者主要满足于法律条文的解释。孟德斯鸠则在法律之外,从历史、生活、风俗习惯种种方面去研究法律的"精神",从社会的演进去探求这种力量在政制、法律方面所起的作用和一般的规律;这是一个伟大的尝试;它在社会理论的"前科学"时期,使法学向科学前进了一大步。

丙、主要的理论及其时代意义

孟德斯鸠企图根据他对世界古今事实的观察,广泛地解决人类社会一些最基本的问题。他俨然以全人类的利益代表者自居,但是他的学说是时代的产物,不能不打上了时代的烙印。我们研究孟德斯鸠的学说必须联系当时的历史条件,才能更好地理解它,才能掌握它的精神和实质。

孟德斯鸠的理论主要是要摧毁当时已经腐烂透顶的封建主义和狂暴的君主专制政体,但由于教会是它们的堡垒,所以又必须首先向教会进攻。孟德斯鸠是资本主义的代言人,他所维护的是新兴的、即将登上历史舞台的资产阶级的利益。孟德斯鸠的思想牵涉的范围很广,不可能一一加以讨论;现在仅仅选择其中较重要、较突出的一部分理论与思想,分为几类,略加说明。

Ⅰ. 基本理论

1. 社会演变论

孟德斯鸠以前的资产阶级思想家对社会的观念是纯粹形而上学的、不变的。例如斯宾诺莎(B. Spinoza, 1632—1677)就认为社会是不变的,因为人性是不变的,所以只要追求一种适应人性的政制就行了。霍布士(T. Hobbes, 1588—1679)的国家论是纯理论的,是从原始自然状态的观念演绎出来的。但是孟德斯鸠却是以历史事实和世界古今各国的政治社会制度为根据，由此得出结论，认为人类社会不是静止不变的，而是在演进的。虽然他并没有真正发现社会发展规律，但却把进步的社会理论向前推进了一大步。

孟德斯鸠关于社会演变的论点首先体现在《罗马盛衰原因论》里。他认为：第一，社会结构的一个因素的改变，便引起整个结构的改变。第二，历史的演变的力量有时是人的意志所不能控制的。政治家犯的错误并不总是可以避免的，而常常是历史局势发展的必然结果。第三，一般的精神、心理因素的改变也能引起社会机构的变化。

其后在《论法的精神》里，便更广泛地提出了宇宙是物质运动的结果这一看法。其中许多论点也是建筑在社会演变的理论上。

社会演变的理论在十八世纪的法国具有重大的意义。既然十七世纪英国资产阶级摧毁了过时的政治机器，发生了改变，那么法国资产阶级的成长，已不为封建政治机构所能包容，改变也就是必然的。

2. 理性论

这是孟德斯鸠政治法律哲学中最基本的理论。在《论法的精神》的开头，孟德斯鸠明确地提出这一理论，并以它为基础建立了他的整个国家和法的哲学体系。他认为，一般的法律是人类的理性，各国的法律是人类理性在特殊场合的适用；因此，法律和地理、地质、气候、人种、风俗、习惯、宗教信仰、人口、商业等等都有关系，而这些关系就是法的精神。

这个理性论在当时神学统制一切的时代，是一枚烈性的炸弹；它摇撼了封建主义和专制暴政的堡垒——教会的统治。笛卡儿是先驱；他把上帝和人分开。笛卡儿把理性当做一切知识的最后标准，把神学驱逐出科学的领域。这对孟德斯鸠的影响是巨大的。孟德斯鸠进了一步,他不但把科学和神学分开;而且把上帝和人分开。这样,就上帝有上帝的法律,人有人的法律。所以在他辽阔的、包罗万象的、建立在人类自然知识基础上的国家和法的理论领域里,是完全没有上帝和神学的地位的。怪不得《论法的精神》出版后,引起了教会剧烈的反对。但由此我们看到这个理论的战斗性,和它在历史上所负的、把欧洲从神学的愚昧主义和压迫下解放出来的伟大使命。

孟德斯鸠反对宗教;反对神人同形论;反对灵魂不灭说;反对迷信。但孟德斯鸠并不是无神论者。当时新教也是反对旧教,反对封建主义的,所以孟德斯鸠比较同情新教,说新教国家经济、工商业较为发达,天主教国家破坏文化和工商业,使人贫穷。由此也可以看出孟德斯鸠反对教会的资本主义立场。

Ⅱ.政治理论

孟德斯鸠的著名的政治理论有以下三个方面:

1. 关于政体分类的学说

《论法的精神》把政体分为共和、君主、专制三种。这并不是"从月亮看地球"所获得的结论。他对良好的政体极力褒扬,对专制政体和教会则作无情的抨击。法国的暴政和教会的联盟就是他攻击的对象。他认为当时所存在的腐烂不堪的封建主义和"猛于虎"的暴政必须消灭,这是他的理论所追求的现实目标。

孟德斯鸠又提出各种政体的原则或动力,他说共和政体的原则是品德,君主政体的原则是荣誉,专制政体的原则是恐惧。尽管他的说法有显著的缺点,但是我们不要忘掉,他的论说中有许多精辟的、富有启发性的论断,同时他用绝妙的笔法对专制政体和封建性罪恶进行猛烈的攻击，这对埋葬当时的封建主义和专制暴政，都是极有价值的。

《罗马盛衰原因论》企图证明罗马的兴盛是由于它的公民富有品德，如责任心、爱国心、武勇、俭朴、爱自由等等，而这些品德的败坏就导致了罗马的衰亡。我们知道，这本书虽然说的是罗马，但并不是单纯的学术研究，而是活生生的政治论文。孟德斯鸠是以此作为论据来攻击当时法国君主专制的暴政和提倡英国式的政治的。

2. 分权说和君主立宪

孟德斯鸠在《论法的精神》里，颂扬英国的君主立宪，认为行政、立法和司法的分权，互相制衡，是公民自由的保障。这是孟德斯鸠脍炙人口的理论。（《罗马盛衰原因论》也认为罗马共和国的分权、政治权力各因素的平衡保障了社会安定和公民自由。）

英国政制是否如此，是另外的一个问题（已有人对孟德斯鸠的这一看法提出批评）；我们要注意的是，当时对资产阶级革命成功了的政制的赞扬就是对法国封建专制政体的批评，所以君主立宪的主张在当时是具有进步的意义的。

同样，孟德斯鸠的分权说也不是空洞的政治理论，而是对时代提出的活生生的政治纲领。它在实质上是"阶级分权"，是新兴资产阶级要参与政权的具体要求，要求法国像英国那样在贵族阶级和资产阶级之间取得妥协，即由法国的资产阶级取得立法权和财政控制权，而把行政权留给贵族阶级。这个政治纲领显然是"妥协"的，但是即使如此，如果不经过激剧的政治斗争是不可能实现的，所以这种主张在当时也是具有革命性和进步性的。

1789 年法国大革命前夕，贵族和僧侣当然是现存专制制度的维护者，然而大多数资产阶级也并无意取消君主制度，而是试图把孟德斯鸠的纲领付诸实施。但是由于法国贵族阶级资产阶级化的程度不及英国，两阶级的妥协不能成立，国王也反对这个纲领，所以资产阶级不能不彻底打垮贵族阶级，接受卢梭的人民主权不可分的学说，因而建立了资产阶级的专政（当时"人民"就是资产阶级）。

3. "地理"说

这也是《论法的精神》里著名的理论之一。它认为地理环境，尤其是气候、土壤等，和人民的性格、感情有关系，法律应考虑这种因素。我们知道，地理环境并不是社会和政制的决定因素。孟德斯鸠也不是不懂这一点，《罗马盛衰原因论》和《论法的精神》的基本精神和所举事例就是明证；他认为法的"精神"除地理因素而外，还有教育、风俗习惯等许多因素。他所谓的地理因素并不是绝对化的。但是，因为他在这个理论上的某些说法给人以绝对化的印象，因而难免引起人们的误会。

不过我们要注意的是，在神学把法律和政制当做是上帝的恩赐的时代，孟德斯鸠企图从客观的物质的因素去寻求各国人民性格和政制之所以差异的理由，即使这种说法有缺点，我们也不能不承认这种探求所具有的重要时代意义，不能不承认它是对神学迷信的有力抗议，更不能不承认它是人类在追求真理的道路上，摆脱神学的迷信走向科学的一个进步。

Ⅲ. 法律理论

《论法的精神》提出了许多关于法律的理论，例如反对酷刑，主张量刑必须比例正确，刑罚必须有教育意义，舆论可作为反对犯罪的工具，应刑罚行为，不刑罚思想、语言，攻击教会的所谓亵渎神圣罪和无理的刑罚，还有一系列关于审判、立证、拷问等等的论说。所有这许多理论是对当时封建残暴的刑法的批评，是对当时即将灭亡的封建统治阶级加紧对资产阶级及平民进行法律上的压迫和残酷的镇压提出的抗议，是为新兴资产阶级关于人身、财产的安全和言论出版自由等要求提出的法律论据——这些要求是资产阶级取得胜利的必要条件。

关于国际法，孟德斯鸠也有不少新颖的主张。他把战争分为正义的与非正义的两种，反对侵略战争，希望和平。这和路易十四所进行的一系列非正义战争是针锋相对的。这些战争是封建主义和暴政给予法国人民的祸害。

Ⅳ．经济理论

《论法的精神》里有不少经济理论。其中最重要的一个是主张私有财产是人类的自然权利。这种主张是针对教会和封建统治阶级对私人财产的侵夺而发的。同时它十足表明孟德斯鸠是资产阶级的代言人。

此外，他又主张兴办工业和商业，反对横征暴敛；因为这可以致富、发展文化、促进国际谅解和世界和平。当时封建领主和教会手中集中了大批地产，他也加以反对；主张小土地耕作，这也是为资本主义的农业经营争取机会。

他认为劳动是财富的源泉。这是代表新兴资产阶级的进取精神，反对封建寄生主义的进步理论。

他又竭力反对奴隶制。他用公民权利、自然权利、经济理由等等作为反对它的根据。这是因为当时封建殖民主义的扩张大大地发展了奴隶制，使殖民地人民受到残酷的剥削和压迫。当时这些罪行同封建主义和教会是分不开的。

综上所述，孟德斯鸠的学说广泛地牵涉到人类社会的各种基本问题，关系到人类社会的根本利益。他的学说有破的一面，有立的一面。

破的是教会、封建、暴政；立的是资本主义。从他的时代来说，他的这些主张为人类社会的发展指出了进步的道路。

丁、对世界资产阶级革命运动的影响

以孟德斯鸠的理论为利器建立资产阶级国家的首先是美国。美利坚的报刊杂志大量介绍孟德斯鸠的著作。美国独立战争（1776—1783）的领袖们熟读了《论法的精神》，并把它的分权理论订入宪法。[①]其次，1789年开始的法国大革命最终走的虽不是孟德斯鸠所指引的君主立宪的道路，但是孟德斯鸠的影响是显著的，例如1789年的《人权宣言》宣布没有分权就没有宪法；又把孟德斯鸠认为是人的自然权利的私有财产说成是"神圣"的。其后在十九世纪爆发的一系列的资产阶级革命中都可以看到孟德斯鸠思想的影响。

总的说来，孟德斯鸠对后世的影响是巨大的、深远的。孟德斯鸠的思想被资产阶级用作反封建、反暴政的武器，孟德斯鸠关于分权和法制的理论被一些资产阶级国家所采用。而孟德斯鸠最大的影响是他的思想成为资产阶级世界的基本社会理论——"宪政论"的主要组成部分。资产阶级"宪政论"的要点有如：国家不得干涉社会生活；社会改变必须通过法定程序；立法机关制定一般性的法规；司法机关专管司法事项；行政机关只能执行法律；诸如此类，都对资产阶级社会秩序有极大影响。

---

① 这和美洲原有殖民地政府的形式也有关系。

戊、对中国资产阶级革命运动的影响

孟德斯鸠《论法的精神》在1913年被主张君主立宪的严复译成汉文出版。但是在实际上孟德斯鸠思想对中国资产阶级的影响远在这个时期以前就开始了。

十九世纪末,中国资产阶级改良派开始接触到十八世纪西方资产阶级启蒙时期的思想;最引起他们注意的是孟德斯鸠的君主立宪,以及在形式上具体代表这个思想的英日政治制度(虽然在实际上这两国的政制是有差别的)。中日甲午战争后,资产阶级维新派向朝廷倡言变法,随即提出君主立宪的主张。康有为的《戊戌奏稿》里是说得很明白的。他们希望通过这种政治形式求得资产阶级和封建贵族间的妥协。以慈禧为首的封建贵族顽固派使这个方案不能实现。她发动了戊戌政变。虽然封建贵族后来又虚伪地打算用君主立宪的空名来保持他们的皇朝,但是资产阶级激进派进行了辛亥革命,推翻了它。

辛亥革命以后,除了反动的保皇派、窃国大盗袁世凯以及资产阶级顽固分子还想利用君主立宪之外,这个思想已经没有市场了。但是孟德斯鸠的思想却作为资产阶级世界的宪政论和法制的重要组成部分而深深地影响了民国时代的宪法和法制。因此,如果我们检阅一下民国时期历次的宪法和民法、刑法等等,我们便将发现其中有许多重要思想是渊源自孟德斯鸠《论法的精神》的。

四、思想的局限性

由于阶级出身和时代的限制,孟德斯鸠的思想表现了一定的局限性。现在试举几点：

甲、作为一个小贵族，孟德斯鸠虽然站在资产阶级的立场去反对大贵族，鄙视他们的顽固与愚蠢；但是他在《论法的精神》里，并没有忘掉为贵族的利益说话。他提出了中间势力即贵族在君主政体中的作用的理论；又提出了资产阶级和贵族阶级妥协的、实质上等于"阶级分权"的君主立宪方案。此外，他一面反对宗教，一面肯定它的作用；一面反对教会的罪恶，一面采取"微言大意""畏时远害"的"谨慎"态度。这不能不说是受到贵族阶级意识的限制。

又他的贵族出身，使他鄙视、不信任人民群众。在《论法的精神》里，平民是没有地位的。他在《罗马盛衰原因论》里甚至认为一无所有的人在什么政体下生活都是一样的。所以他并不是广大群众的代言人，而只是资产阶级的代言人。

由于时代的限制，他也看不清资产阶级将完全推翻封建阶级的历史使命。法国大革命虽曾一度采用他的君主立宪方案，但革命很快就超越了它，把它抛在后头，终于采取了平民出身、时代比他晚的卢梭的彻底革命学说。

乙、虽然孟德斯鸠说过宇宙是物质运动的结果，但是他并不是唯物主义者，因为他在另一方面还要一个创造宇宙的上帝。这种二元论使他在《论法的精神》里陷入许多不可解的矛盾。他既要物质的规律，又要上帝的规律；要人的法律，又要宗教的法律。

孟德斯鸠和当时的资产阶级其他进步思想家一样，在社会理论上是一个唯心论者。孟德斯鸠一方面从各种具体情况如地理、宗教、民情、风俗等等去寻求各别国家法律的精神。一方面又用抽象的人类理性作出发点，认为它支配着世界的一般法律，要使这个抽象理性和具体的法律调和,是会发生困难的。因此,他为了贯彻法律是人类理性的产物这个主张,就不能不对历史事实进行武断的解释。

例如孟德斯鸠在《罗马盛衰原因论》一书中硬说罗马的衰亡是由于罗马公民品德的败坏。又如他在《论法的精神》里颂扬英国政制;实际上英国既不分权,也无自由;他提出信仰自由、贸易和私有财产的"自然权利"等一系列当时资产阶级的要求,并企图从历史中找根据。于是,他就不能不把历史理想化、简单化,甚或因而违背了历史事实。在马克思列宁主义的科学领域里,历史的政治性和科学性才是一致的,可以很好地结合的。但是资产阶级的政治和唯心史观,使孟德斯鸠不能达到两者的统一。

丙、时代的限制使孟德斯鸠看不到资产阶级的本质和他所理想的资产阶级政制的阶级内容。他做梦也没想到,他的保障自由的分权学说和他的许多美好的法律原则只是被资产阶级用作掩盖阶级专制和暴政的假面具。由于时代的限制,孟德斯鸠自然更看不到资产阶级必将灭亡的命运。所以他把资产阶级的东西当做永恒的真理。比方他把资产阶级的基本制度——私有财产,说成是"自然权利",就是最显著的例子。

孟德斯鸠所服务的资产阶级必将为工人阶级所代替,资本主义必将为社会主义所代替,这是历史发展的必然规律!

孟德斯鸠的《论法的精神》,曾对我国的民主革命产生过相当深刻的影响,对现今的资本主义世界还有一定的影响。为了研究历史,研究国际现状,继承人类的革命的进步的传统,研究孟德斯鸠的思想还是必要的、有益的。

关于译本的简单说明

在我国,《论法的精神》曾有过日本人何礼之、我国人程炳熙、张相文三人合译的汉文文言译本,题为《万法精理》;又有1913年商务印书馆出版的严复文言译本。后者是大家都知道的;前者则很少人知道。

自戊戌变法至民国年间,孟德斯鸠的思想实际上在我国传播很广,但要追本溯源,就必须读《论法的精神》这本系统的著作。所以,上述两个译本当时在客观上是适应了对清王朝的君主专制进行改革的思想要求的。

据张相文家人记载:早在1902年,张氏任教上海南洋公学时,就曾将日人何礼之由英译日的孟著《万法精理》译成汉文(严复译《法意》约在1900—1905年间或稍后);这时张氏学习日文不久,译稿又经不懂日文的程炳熙润文,便就"仓促付印"(何时何地印刷未详),所以"颇有不合原意之处";再印时(何时何地印刷未详),张氏就将译稿寄日本何礼之校正,称为何、张、程三人合译;严复对日文译本和这个汉文译本意见是很多的,云云。张氏死后,其后人自己出资,在1935年把他的这部译稿和其他遗文、挽联等印成一个集子,名《南园丛稿》第二辑,印数不多,所以极少人知道这个译本。它的译法较严译本易懂，但意思却远远不如严译本正确。这是上述情况必然产生的后果。不但如此，更严重的缺点是，这个译本只译孟德斯鸠原著的一半，下册几乎全部缺略。

但是，今天看来严译本已完全不能满足我们的要求。因为第一，这个译本是由英文译本转译的，这不但使译文和法文原文距离远了些，而且英文译本的错误也被译成中文了。甚至有时英译本漏了一个"不"字，汉译便无法自圆其说，而由译者加以曲解弥缝了。第二，严译本不但用文言文，而且讲求文章的华丽典雅，这就不能不使译文和原文的距离更大。第三，严译本所用的专门名词和许多词汇都是译者自己生造的，今天没有人用，也没有人懂，所以今天不但普通读者，即连专家也很难读懂了。第四，严译本用的是一种"译述"的方法，所以所译即使大意不差的话，译文中有极大一部分是严复所"述"，而实实在在不是孟德斯鸠所说的。第五，严译本是不完整的。不但第二册第三十和三十一章——约占全册四分之一，占法文原本约一百页——没有译出，而且孟德斯鸠的原注——有些是很重要的，以及意大利文、拉丁文（相当多）的部分，都被略掉未译。所以这个译本是十分残缺的。第六，严译本除了翻译家所难免的错译和漏译的地方之外，还有极多不正确和不很妥当的译法。漏译的有如该译本第23卷第19页关于奥古斯都可以不受两种法律的限制部分，只译了一种"民之嫁娶律"，至于另一种费解的法律，就被略掉。错译的有如第28卷第25页把乍看有些费解的当地最高当局——领主"伯爵"译成"监斗"（即监督决斗的人）。不正确的译法是例不胜举的，有如：（1）第26卷第2页把"人类的法律"（包括人民制定的法律，与"上帝的法律"对立）译成"王制之法典"。（2）第24卷第9页译文："罗马教皇典论……凯克禄尝引之"。西塞罗（即凯克禄）是公元前106—43年的人，他怎有可能引公元后很久才产生的罗马教皇典论？（3）英文原文说，自人性言，人有妻固不能乐，但又不能无妻云云；该译本第23卷第15页译成"特自人性言，有妻固不能乐，而国法又人人不可以无妻"，把"自然的规定"改成"国法"。至于不妥当的译法，有如：把法兰克族译成"拂菻"；把基督教有时译成"景教"。按《明史》的"拂菻"在中西文的古音上是"罗马"；即使这一个说法不能够成立的话，那更不能肯定它就是法兰克族。景教是基督教的一个宗派；从流布的地区和时代来说，都不能和基督教等同起来。比方，该译本第24章第9页说："君士丹丁……皈依景教"。君士坦丁（即君士丹丁）是274—337年的人；景教的创始人内斯托利乌斯约在440年死在沙漠里；试问一世纪前的君士坦丁怎有可能去皈依内斯托利乌斯的景教呢？这类译法都是十分不妥当的。显然，我们需要一个新的译本。

到今天为止，《论法的精神》最完备的法文版本是1949年巴黎卡尔涅兄弟出版社（EDITIONS GARNIER FRÈRES）出版的贡札格·特鲁克（Gonzague Truc）校订本。这个版本有两点最重要的特色。第一是，参照不同版本进行了校订。《论法的精神》最初稿在日内瓦付印时，曾被孟德斯鸠委托校印的一位朋友擅加改动。后来的版本又再改回去。此外孟德斯鸠自己在以后的版本中又做了不少修改。加以这书出版后不到两年内就出了二十二版，其后版本就更难于统计了。因此这本书各版的册、卷、章、节、段、句、注，甚至总的书名、章节的标题等，都有不少分歧。特鲁克这个版本把最初版和其后孟德斯鸠的修改版等等的重要不同地方，都仔细作了校订，并在"异文注"内指出。第二是，书末附有"编者注"。这些注收入一部分重要的评论家和其他编者的意见，解释书中某些古法文的意义，对罕见的人物等等加上注释，指出孟德斯鸠某些说法在当时的用意或暗讽的是什么，指出某些特殊地方他所根据的史料，批评他的论点，等等。它们对于了解这本书是很有用处的，对翻译也有帮助。

现在这个译本就是根据这个法文版本用白话文译出；凡被前人略掉不译的大量本文，以及孟德斯鸠的原注、校订不同版本的异文注、原编者注、英文、意大利文、拉丁文、古法文部分，都全部译出。除此之外，我还编就《孟德斯鸠生平大事年表》和《孟德斯鸠论著举要》各一，附在本文后面，以备查考。关于本书各种注文，说明如下：

孟德斯鸠原注，放在页底，用圈号阿拉伯数字标出。

异文注、译者注，也放在页底，同用圈号阿拉伯数字标出，但加上"甲本""乙本""甲乙本"与"——译者"等标识文字。

原编者注，用阿拉伯数字标出，放在书末。

这部译稿在几年前就已经完成了。这次商务印书馆[*]为了适应我国学术界的需要，给了它出版的机会，它的编辑部又和法律出版社编辑部做过仔细、认真的校阅、加工工作；我衷心感谢。在翻译过程中，曾得到许多中外学者无私的帮助；也在这里表示谢意。至于译文中的缺点，则应由我个人负责；请大家批评指正。

---

[*] 张雁深译《论法的精神》首次由商务出版社于1961年出版，本次再版得惠于前版的细致编校，仅就人名、地名等部分有违现代规范用法的字词进行校正，并统一注释标志，此外一仍其旧。

孟德斯鸠生平大事年表

1689.1.18	生于法国波尔多附近拉柏烈德庄园一个贵族世家。取名"查理·路易·德·色贡达"。父任军职。
1696	母死；色贡达七岁。
1700—1705	至巴黎附近朱伊地方的奥拉托利会学院接受古典教育。
1706	回波尔多。学习法律。
1708	获法学士学位。旋即在基因议会任律师。
1709	往巴黎居住。
1713	父死。回波尔多。
1714	任波尔多议会顾问。
1715	和中校级军官的女儿加尔文会徒约茵·德·拉特丽格结婚。她带来十万镑嫁资，后生一子二女。
1716	伯父约翰·巴柏狄斯特·德·色贡达·孟德斯鸠男爵死。继承伯父波尔多议会议长职务，但依遗嘱改名"孟德斯鸠男爵"。加入波尔多科学院，醉心科学、哲学研究。
1721	不满当时法国封建、专制社会，化名"彼尔·马多"发表《波新人信札》，对当时社会尤其是教会进行抨击。书出后风行一时，成为全国注目人物，但深为反动统

	治阶级所忌。
1725	出版《尼德的神殿》。
1726	出卖波尔多议长职位，获巨资，生活富裕。
1728	加入法国科学院。开始长途学术旅行，至奥、匈、意、德、荷等国。
1729	至英国居住两年，结交名人学者，进行学术研究。
1730	被选为英国皇家学会会员。
1731	成为世界性的秘密互助会社共济会会员。回拉柏烈德庄园，闭门整理所搜集资料，专事著述。
1734	发表《罗马盛衰原因论》。
1746	被选为柏林皇家科学院院士。
1748	发表他一生最重要的著作《论法的精神》，轰动一时，但受到封建统治阶级，尤其是教会的猛烈攻击。
1750	匿名发表《为〈论法的精神〉辩护与解释》一文。其后又写反詹森会教士的《论宪法》和《关于议会的一封信》，但都没有发表。
1754	给《波斯人信札》增添了十一封信。
1755.2.10	旅行途中患病，逝世于巴黎，享年六十六岁。

孟德斯鸠论著举要

Ⅰ．生前出版的著作

1721 《波斯人信札》*Lettres persanes*. 化名"彼尔·马多"在柯龙出版。

1725 《尼德的神殿》*Le temple de Gnide*.

1727 《论一般的君主政体》*Réflexions sur la monarchie universelle*.

1734 《罗马盛衰原因论》*Considérations sur les ceauses de la grandeur des Romains et de leur décadence*.

1745 《苏拉和欧克拉底的谈话》*Discours de Sylla et d'Eucrate*.

这是1722年在巴黎"中楼俱乐部"（"Club de l'Entresol"）宣读的论文；1745年在《法兰西使者报》（*Merecure de France*）发表。

1748 《论法的精神》*De l'Esprit des Lois*. 特别选择日内瓦为出版地。

1750 《为〈论法的精神〉辩护与解释》*Défense de l'Esprit des Lois et éclaircissements*. 这是匿名发表的。

Ⅱ．死后出版的全集和遗著

1875—1879《孟德斯鸠全集》七册 Oeuvres complètes de Montesquieu,拉布莱（Laboulaye）辑刊，巴黎出版。孟德斯鸠死后，全集的版本不少，这是其中最好的，但仍有缺略。

1892《孟德斯鸠男爵杂文遗稿》Mélanges inédits du baron de Montesquieu, 伽斯东·德·孟德斯鸠男爵（Baron Gaston de Montesquieu）辑刊，巴黎出版；其中有一些重要论文，如：《东方史——阿剎斯和伊斯梅尼亚》Histoire orientales. Arsace et Isménie；《论自然和艺术的趣味》Essai sur le goût dans les choses de la nature et de l'art；《真正的历史》Histoire véritable.

1894—1896《孟德斯鸠旅行记》二册 Voyages de Montesquieu, 阿尔伯·德·孟德斯鸠男爵（Baron Albert de Montesquieu）辑刊，波尔多出版。

1899—1901《孟德斯鸠的思想和未刊遗稿》[①] 二册 Pensées et Fragments inédits de Montesquieu, 波尔多出版。

1914《孟德斯鸠函稿》二册 Correspondance de Montesquieu, 哲别林（F. Gebelin）和莫利兹（A. Morize）辑刊，巴黎出版。

1941《孟德斯鸠手记精选》Cahiers（1716—1755），柏·格拉塞（B. Grasset）辑刊，巴黎出版。

1948《真正的历史》Histoire véritable, 这篇论文已在上列《孟德斯鸠男爵杂文遗稿》内刊印过；这是罗杰·凯哇（Roger Caillois）的校刊本，日内瓦出版。

[①] 孟德斯鸠的后代对他的遗稿的发表采取过于谨慎的态度，所以许多材料到一个半世纪以后才刊印，而且印数很少。这两册遗稿就是迟至二十世纪才印行的。——译者

论法的精神[1]

著者原序

　　这本书里无数事物之中如果有一件竟是出乎我意料而冒犯了人们的话，我至少应该说，那不是我恶意地放进去的。我生来没有一点儿以非难别人为快的性情。柏拉图感谢天，使他出生在苏格拉底的时代。我也感谢天，使我出生在我生活所寄托的政府之下，并且感谢它，要我服从那些它所叫我爱戴的人们。

　　我有一个请求，总怕人们不允许。就是请求读者对一本二十年的著作不要读一会儿就进行论断；要对整本书，而不是对几句话，加以赞许或非议。如果人们想寻找著者的意图的话，他们只有在著作的意图里才能很好地发现它。

　　我首先研究了人；我相信，在这样无限参差驳杂的法律和风俗之中，人不是单纯地跟着幻想走的。

　　我建立了一些原则。我看见了：个别的情况是服从这些原则的，仿佛是由原则引申而出的；所有各国的历史都不过是由这些原则而来

---

[1] 这类号码是原编者注，注文附列书末。——译者

的结果；每一个个别的法律都和另一个法律联系着，或是依赖于一个更具有一般性的法律。

当我回顾古代，我便追寻它的精神之所在，以免把实际不同的情况当做相同，或是看不出外貌相似的情况间的差别。

我的原则不是从我的成见，而是从事物的性质推演出来的。

在这里，有许多真理是只有在看到它们和其他的真理之间的联系时才能被觉察出来的。我们越思考到细节，便会越感觉到这些原则的确实性。我并没有完全叙述这些细节，因为谁能全都叙述而不感到厌烦呢？

在这本书里，人们是找不到奇趣奔逸的笔墨的。这种笔法似乎是今天著述的特色。我们只要把眼界稍微放宽一些去审察事物，则奇思遐想便将溘然消逝。通常奇思遐想的产生，是因为我们只把精神贯注到事物的一方面，而忽略了其他各方面。[2]

我的著作，没有意思非难任何国家已经建立了的东西，每个国家将在这本书里找到自己的准则所以建立的理由。我们并且将自然地从那里得到一个推论，就是只有那些十分幸福地生来就有天才洞察一个国家的整个政制的人们，才配建议改制。

启迪人民不是无关紧要的事。官吏的成见是从国家的成见产生的。当蒙昧时代，人们就是做了极坏的事也毫无疑惧。在开明之世，即使做了最大的好事也还是要战栗的。我们看到旧时的弊病，并想要如何加以改正，但也要注意改正的本身的弊病。对邪恶，我们不去动它，如果怕改糟了的话。对良善，我们也不去动它，如果对改善有所怀疑的话。我们观察局部，不过是为了作整体的判断。我们研究一切的原因，不过是为了观察一切的后果。

如果我的书提供了新理由，使每个人爱他的责任、爱他的君主、爱他的祖国、爱他的法律的话，使每一个人在每一个国家、每一个政命、每一个岗位，都更好地感觉到自己是幸福的话；那我便是所有人们当中最快乐的人了。

如果我的书能使那些发号施令的人增加他们应该发布什么命令的知识，并使那些服从命令的人从服从上找到新的乐趣的话，那我便是所有人们当中最快乐的人了。

如果我的书能使人类纠正他们的成见的话，那我便是所有人们当中最快乐的人了。我这里所谓成见，并不是那种使人们对某些事物愚昧无知的东西，而是那种使人们对自己愚昧无知的东西。

我们是在努力教导人类的过程中，才能够实行那个包括"爱一切人"在内的一般德行。人是具有适应性的存在物，他在社会上能同别人的思想和印象相适应。同样他也能够认识自己的本性，如果人们使他看到这个本性的话。他也能够失掉对自己本性的感觉，如果人们把这个本性掩饰起来，使他看不见的话。

这本著作，我曾屡次着手去写，也曾屡次搁置下来；我曾无数次把写好的手稿投弃给清风去玩弄[1]；我每天都觉得写这本书的双手日益失去执笔的能力[2]；我追求着我的目标而没有一定的计划；我不懂得什么是原则，什么是例外；我找到了真理，只是把它再丢掉而已。但是，当我一旦发现了我的原则的时候，我所追寻的东西便全都向我源源而来了；而且在二十年的过程中，我看到了我的著作开始、增长、

---

[1] 拉丁文所谓 Ludibria ventis（这里孟德斯鸠借用维奇利乌斯的话；拉丁原句是："船被风玩弄着"。——译者）

[2] 就如拉丁文所说："生父的双手垂落下去了。"

成熟、完成。

如果这本书获得一些成功的话,那么,主要应归功于主题的庄严性,但是我却不认为我是完全缺乏天才的。当我看到在我之前,法兰西、英格兰和德意志①有那样多伟大的人物曾经从事写作,我景慕不置;但是我并没有失掉我的勇气。我同达·科雷久一样地说:"我也是画家。"②

---

① 1748年版(以下简称甲本)无"英格兰"三字。(又1749年版本以下均简称乙本。——译者)
② 意大利文原文是:"Ed io anche eon pittore"("而我也是他的画家")[3]

著者的几点说明[4]

（一）为使人们更好地了解本书的开头四章，我应该指出，我所谓品德，在共和国的场合，就是爱祖国，也就是说，爱平等。这不是道德上的品德，也不是基督教上的品德，而是政治上的品德。它是推动共和政体的动力，正如荣誉是推动君主政体的动力一样。因此，我把爱祖国、爱平等叫做政治的品德。我有些新的思想，很需要找些新的词汇或是给旧的词汇一些新的涵义。那些不了解这点的人们，竟认为我说了一些荒谬的言论。这些荒谬的言论在世界各国都将令人憎恶，因为无论在世界的哪一个国家，道德都是需要的。

（二）人们应该注意，我们说"某一种品质、意识形态或品德不是推动某一种政体的动力"和我们说"这种政体没有这种品质、意识形态或品德"两种说法之间有很大的区别。如果我说，这种圆轮子或这种小齿轮不是推动这只表的动力，人们能够由此得出结论说表里头就没有圆轮子和小齿轮么？我们远不能说，在君主政体里是没有道德上的和基督教的品德的，甚至连政治的品德都没有。如果这样说，那是很不对的。简言之，在共和国里荣誉是存在的，虽然它的动力是政治的品德；在君主国里，政治的品德是存在的，虽然它的动力是荣誉。

（三）最后一点是：第3章第5节谈到的"善人"，并不是基督教上的善人，而是政治上的善人；他具有我所说的政治的品德。他是爱他的国家的法律的人；他的行动是出于他爱他的国家的法律。

在这个版本里，我把所有这几点都做了清楚的说明，更确定了它们的意义，而且在我用品德的地方，多半都改成政治的品德了。

1^5

TOME
PREMIER

目 录

第一章　一般的法
001　第一节　法和一切存在物的关系
004　第二节　自然法
005　第三节　人为法

第二章　由政体的性质直接引申出来的法律
009　第一节　三种政体的性质
009　第二节　共和政体和与民主政治有关的法律
014　第三节　与贵族政治的性质有关的法律
017　第四节　法律与君主政体性质的关系
020　第五节　与专制政体的性质有关的法律

第三章　三种政体的原则
022　第一节　政体的性质和政体的原则的区别
022　第二节　各种政体的原则
023　第三节　民主政治的原则
025　第四节　贵族政治的原则
026　第五节　品德绝非君主政体的原则
028　第六节　君主政体里什么代替了品德
029　第七节　君主政体的原则
029　第八节　荣誉绝不是专制国家的原则
030　第九节　专制政体的原则

| 031 | 第十节 | 在宽政与暴政国家中服从的区别 |
| 033 | 第十一节 | 总结 |

第四章		教育的法律应该和政体的原则相适应
034	第一节	教育的法律
034	第二节	君主国的教育
038	第三节	专制政体的教育
039	第四节	古今教育效果的差异
040	第五节	共和政体的教育
041	第六节	希腊的一些制度
043	第七节	这些奇特的法制适合什么地方呢
044	第八节	为古人关于风俗的一个似是而非的说法进一解

第五章		立法应与政体的原则相适应
047	第一节	本章的主旨
047	第二节	在政治的国家中品德的意义
048	第三节	在民主政治之下，爱共和国的意义是什么
049	第四节	怎样激励爱平等和爱俭朴
050	第五节	在民主政治之下，法律应如何建立平等
053	第六节	在民主政治之下，法律应如何培养俭朴
055	第七节	维护民主原则的其他方法
057	第八节	在贵族政治之下，法律应如何与政体的原则相适应
062	第九节	在君主政体之下，法律应如何与原则相适应
063	第十节	君主政体施政的敏捷
064	第十一节	君主政体的优越性
066	第十二节	续前
066	第十三节	专制主义的意义

066	第十四节	法律应如何与专制政体的原则相适应
072	第十五节	续前
074	第十六节	权力的授予
075	第十七节	礼物
077	第十八节	元首的恩赏
077	第十九节	三种政体原则的一些新的推论

第六章　各政体原则的结果和民、刑法的繁简、判决的形式、处刑等的关系

082	第一节	各种政体民法的繁简
085	第二节	各种政体刑法的繁简
086	第三节	在什么政体与情况之下法官应按照法律的明文断案
087	第四节	裁判的方式
088	第五节	在什么政体之下元首可以当裁判官
091	第六节	君主国的大臣们不应审案
092	第七节	单一的审判官
093	第八节	各种政体下的控诉方式
093	第九节	各种政体刑罚的轻重
095	第十节	古代法国的法律
095	第十一节	人民有品德便可以简化刑罚
096	第十二节	刑罚的力量
098	第十三节	日本法律的软弱
100	第十四节	罗马元老院的精神
101	第十五节	罗马法关于刑罚的规定
103	第十六节	罪与刑间的适当比例
105	第十七节	拷问
106	第十八节	罚金和肉刑
106	第十九节	报复刑的法律

| 107 | 第二十节 | 子罪坐父 |
| 107 | 第二十一节 | 君主的仁慈 |

第七章　政体原则与节俭法律、奢侈以及妇女身份的关系

109	第一节	奢侈
111	第二节	民主政治的节俭法律
112	第三节	贵族政治的节俭法律
112	第四节	君主政体的节俭法律
114	第五节	在什么情况下节俭法律对君主国有用
115	第六节	中国的奢侈
116	第七节	中国因奢侈而必然产生的后果
117	第八节	妇女的贞操
118	第九节	各种政体下妇女的身份地位
119	第十节	罗马人的家庭法庭
120	第十一节	罗马的法律怎样随着政体而改变
121	第十二节	罗马对妇女的监护
121	第十三节	罗马皇帝所设立的对妇女淫乱的刑罚
123	第十四节	罗马人的节俭法律
124	第十五节	不同政制下的妆奁和婚姻上的财产利益
125	第十六节	撒姆尼特人的一种良好习惯
125	第十七节	妇女执政

第八章　三种政体原则的腐化

127	第一节	本章的大意
127	第二节	民主政治原则的腐化
129	第三节	极端平等的精神

130	第四节	人民腐化的特殊原因
131	第五节	贵族政治原则的腐化
132	第六节	君主政体原则的腐化
133	第七节	续前
134	第八节	君主政体原则腐化的危险
134	第九节	贵族如何倾向于拥护王室
135	第十节	专制政体原则的腐化
135	第十一节	政体原则的健全和腐化的自然结果
137	第十二节	续前
138	第十三节	誓言在有品德的人民中的效力
139	第十四节	政制最轻微的变更如何会使原则受到破坏
140	第十五节	保持三原则极有效的方法
140	第十六节	共和国政体的特质
141	第十七节	君主政体的特质
142	第十八节	西班牙君主政体的特殊情况
143	第十九节	专制政体的特质
143	第二十节	以上各节的结论
143	第二十一节	中华帝国

147	**原编者注**

第一章　一般的法

第一节　法和一切存在物的关系

从最广泛的意义来说，法是由事物⁶⁽甲⁾的性质产生出来的必然关系。在这个意义上，一切存在物都有它们的法。上帝[①]有他的法；物质世界有它的法；高于人类的"智灵们"有他们的法；兽类有它们的法；人类有他们的法。

有人说，我们所看见的世界上的一切东西都是一种盲目的命运所产生出来的，这是极端荒谬的说法。因为如果说一个盲目的命运竟能产生"智能的存在物"，还有比这更荒谬的么？

由此可见，是有一个根本理性存在着的。法就是这个根本理性和各种存在物之间的关系，同时也是存在物彼此之间的关系。

上帝是宇宙的创造者和保养者；这便是上帝和宇宙的关系。上帝创造宇宙时所依据的规律，就是他保养时所依据的规律。他依照这些规律行动，因为他了解这些规律。他了解这些规律，因为他曾制定了这些规律。他制定这些规律，因为这些规律和他的智慧与权力之间存在着关系。

[①] 普卢塔克说：法是一切人和神的主宰。见普卢塔克：《论君主必须博学》。

我们看见，我们的世界是由物质的运动形成的，并且是没有智能的东西，但是它却永恒地生存着。所以它的运动必定有不变的规律。如果人们能够在这个世界之外再想象出另一个世界的话，那么这个另外的世界也必有固定不易的规律，否则就不免于毁灭。

因此，创造虽然像是一种专断的行为，但是它必有不变的规律，就像无神论者的命数之不变一样。如果说，造物主没有这些规律而能够管理世界的话，那是荒谬的，因为世界没有这些规律将不能生存。

这些规律是确定不移的关系，在两个运动体之间，一切运动的承受、增加、减少和丧失，是取决于重量和速度间的关系；每一不同，都有其同一性；每一变化，都有其永恒性。

个别的"智能的存在物"可以有自己创制的法律，但是也有一些法律不是他们创制的。在没有"智能的存在物"之先，他们的存在就已经有了可能性，因此他们就已经有了可能的关系，所以也就有了可能的法律。在法律制定之先，就已经有了公道关系的可能性。如果说除了人为法所要求或禁止的东西而外，就无所谓公道不公道的话，那就等于说，在人们还没有画圆圈之前一切半径都是长短不齐的。

因此，我们应当承认，在人为法建立了公道的关系[乙]之先，就已经有了公道关系的存在。例如（一）在人类有了社会的时候遵守法律是对的；（二）如果某些"智能的存在物"从另一"存在物"那里接受恩泽的话，就应该有感谢之心；（三）如果一个"智能的存在物"创造了另一个"智能的存在物"的话，被创造的存在物，就应该保持原有的依附关系；（四）一个"智能的存在物"损害了另一个"智能的存在物"就应当受到同样的损害，等等。这些公道的关系都是在人为法之先就已经存在了的。

但是这绝不是说，智能的世界和物理的世界是管理得一样好的。因为虽然智能的世界也有它的规律，这些规律在性质上也是不可变易的，但是智能的世界并不像物理的世界那样永恒不变地遵守自己的规律，这是因为个别的"智能的存在物"受到了本性的限制，因此就会犯错误；而且，从另一方面来说，独立行动就是他们的本性。所以他们并不永恒地遵守他们原始的规律；而且，就是他们自己制定的规律，他们应并不老是遵守的。

我们不知道，兽类到底是受运动的一般规律的支配，还是受个别的动力的支配。不管怎样，兽类和上帝的关系绝不比其他的物质世界和上帝的关系更为亲密。感官对于兽类只有在它们彼此间的关系上、它们和其他个别的存在物之间的关系上，或是它们和它们本身的关系上，是有用处的。

由于欲求的引诱，兽类保存了它们个别的生命；而且，由于欲求的引诱，它们保存了自己的种类。它们有自然法，因为它们是由感官而结合的；它们没有制定法，因为它们不是由知识而结合的。不过它们并不是永恒不变地遵守它们的自然法的。那些我们看不到有知识和感官的植物，倒是较严格地遵守自然法的。

兽类缺少我们所具有的最高级的优点，但是它们有我们所没有的优点。它们完全没有我们的愿望，但是它们却也没有我们的恐惧；它们同我们一样遭受死亡，但是不了解死亡；它们大多数甚至比我们更会保存自己，并且不像我们那样滥用情欲。

人，作为一个"物理的存在物"来说，是和一切物体一样，受不变的规律的支配。作为一个"智能的存在物"来说，人是不断地违背上帝所制定的规律的，并且更改自己所制定的规律。他应该自己处理自己的事，但是他是一个有局限性的存在物；他和一切"有局限性的智灵"一样，不能免于无知与错误；他甚至于连自己微薄的知识也失掉了。作为有感觉的动物，他受到千百种的情欲的支配。这样的一个存在物，就能够随时把他的创造者忘掉；上帝通过宗教的规律让他记起上帝来。这样的一个存在物，就能够随时忘掉他自己；哲学家们通过道德的规律劝告了他。他生来就是要过社会生活的；但是他在社会里却可能把其他的人忘掉；立法者通过政治的和民事的法律使他们尽他们的责任。

第二节　自然法

在所有这些规律之先存在着的，就是自然法。所以称为自然法，是因为它们是单纯渊源于我们生命的本质。如果要很好地认识自然法，就应该考察社会建立以前的人类。自然法就是人类在这样一种状态之下所接受的规律。

自然法把"造物主"这一观念印入我们的头脑里，诱导我们归向他。这是自然法最重要的一条，但并不是规律的顺序中的第一条。当人还在自然状态的时候，他应当是只有获得知识的能力，而知识却是不多的。显然，他最初的思想绝不会是推理的思想[7]。他应当是先想如何保存自己的生命，然后才能再去推究他的生命的起源。这样的一个人只能首先感觉到自己是软弱的；他应该是极端怯懦的。如果人们认为这点还需要证实的话，那么可以看看森林中的野蛮人[①]。什么都会使

[①] 乔治一世时在汉诺威森林中发现被送往英格兰的那个野蛮人，可资证明。

他们发抖,什么都会使他们逃跑。

在这种状态之下,每个人都有自卑感,几乎没有平等的感觉。因此,他们并不想互相攻打。和平应当是自然法的第一条。

霍布斯认为,人类最初的愿望是互相征服,这是不合理的。权力和统治的思想是由许多其他的思想所组成,并且是依赖于许多其他的思想的,因此,不会是人类最初的思想。

霍布斯问[8]:"如果人类不是自然就处于战争状态的话,为什么他们老是带着武装?为什么他们要有关门的钥匙?"但是霍布斯没有感觉到,他是把只有在社会建立以后才能发生的事情加在社会建立以前的人类的身上。自从建立了社会,人类才有互相攻打和自卫的理由。

人类感觉到软弱,又感觉到需要。所以自然法的另一条就是促使他去寻找食物。

我曾说,畏惧使人逃跑,但是互相畏惧的表现却使人类互相亲近起来。此外,一个动物当同类的另一个动物走近时所感觉到的那种快乐,诱使它们互相亲近。加之,两性由于彼此间的差异而感觉到的情趣也会增加这种快乐。因此,相互之间经常存在着自然的爱慕,应当是自然法的第三条。

人类除了最初的感情而外,又逐渐得到了知识。这样,他们之间便产生了第二种的联系,这是其他动物所没有的。因此,他们有了一个互相结合的新理由;愿望过社会生活,这就是自然法的第四条[9]。

第三节 人为法

人类一有了社会,便立即失掉自身软弱的感觉;存在于他们之间的平等消失了，于是战争的状态开始。

每一个个别的社会都感觉到自己的力量；这就产生了国与国间的战争状态。每一个社会中的个人开始感觉到自己的力量，他们企图将这个社会的主要利益掠夺来自己享受，这就产生了个人之间的战争状态。

这两种战争状态使人与人之间的法律建立了起来。这么大的一个行星，必然有不同的人民。作为这个大行星上的居民，人类在不同人民之间的关系上是有法律的，这就是国际法[10]。社会是应该加以维持的；作为社会的生活者，人类在治者与被治者的关系上是有法律的，这就是政治法。此外，人类在一切公民间的关系上也有法律，这就是民法。

国际法是自然地建立在这个原则上的，就是：各国在和平的时候应当尽量谋求彼此福利的增进；在战争的时候应在不损害自己真正利益的范围内，尽量减少破坏。

战争的目的是胜利。胜利的目的是征服。征服的目的是保全。应该从这条和前一条原则推出一切构成国际法的准则。

一切国家都有它们的国际法。甚至那些吃战争俘虏的易洛魁人[11]也有他们的国际法。他们派遣和接受使节；他们懂得战时与平时的权利，但是糟糕的是，他们的国际法不是建立在真实的原则上。

除了和一切社会有关的国际法而外，每一个社会还有它的政治法。一个社会如果没有一个政府是不能存在的。格拉维那[12]说得很好：一切个人的力量的联合就形成我们所谓"政治的国家"。

整体的力量可以放在一个人手里或是几个人手里。有些人[13]认为，自然曾建立了父权，所以单独一人统治的政体是最适合于自然的。但是父权的例子并不能证实任何东西。因为，如果父亲的权力和单独一人的统治有关系的话，那么父亲死后兄弟们的权力，或是兄弟们死后堂表兄弟们的权力，也与几个人统治的政体有关系了。政治的权力也就必须包括几个家庭的联合了。

还不如说，为一个民族设立的政体，如果该政体的特殊性质和该民族的性质相符合的话，便是最适合于自然的政体了。

个人的力量是不可能联合的，如果所有的意志没有联合的话。格拉维那又说得很好：这些意志的联合就是我们所谓"人民的国家"。

一般地说，法律，在它支配着地球上所有人民的场合，就是人类的理性；每个国家的政治法规和民事法规应该只是把这种人类理性适用于个别的情况。

为某一国人民而制定的法律，应该是非常适合于该国的人民的；所以如果一个国家的法律竟能适合于另外一个国家的话，那只是非常凑巧的事。

法律应该同已建立或将要建立的政体的性质和原则有关系；不论这些法律是组成政体的政治法规，或是维持政体的民事法规。

法律应该和国家的自然状态有关系；和寒、热、温的气候有关系；和土地的质量、形势与面积有关系；和农、猎、牧各种人民的生活方式有关系。法律应该和政制所能容忍的自由程度有关系；和居民的宗教、性癖、财富、人口、贸易、风俗、习惯相适应。最后，法律和法律之间也有关系，法律和它们的渊源，和立法者的目的，以及和作为法律建立的基础的事物的秩序也有关系。应该从所有这些观点去考察法律。

这就是我打算在这本书里所要进行的工作。我将研讨所有的这些关系。这些关系综合起来就构成所谓"法的精神"。

我并没有把政治的法律和民事的法律分开，因为我讨论的不是法

007

律，而是法的精神，而且这个精神是存在于法律和各种事物所可能有的种种关系之中，所以我应尽量遵循这些关系和这些事物的秩序，而少遵循法律的自然秩序。

我将首先研究法律同每一种政体的性质和原则的关系。因为政体的原则对法律有最大的影响，所以我将尽力很好地去认识它。当我一旦论证了原则，人们便将看到法律从原则引申出来，如同水从泉源流出一样。然后，我便将进而讨论其他看来比较个别的关系。

第二章　由政体的性质直接引申出来的法律

第一节　三种政体的性质

政体有三种：共和政体、君主政体、专制政体[14]。用最无学识的人的观念就足以发现它们的性质。我假定了三个定义，或毋宁说是三个事实：共和政体是全体人民或仅仅一部分人民握有最高权力的政体；君主政体是由单独一个人执政，不过遵照固定的和确立了的法律；专制政体是既无法律又无规章，由单独一个人按照一己的意志与反复无常的性情领导一切。

这就是我所谓的各种政体的性质。应该看什么法律是直接从政体的性质产生出来的，这种法律便是最初的基本法律。

第二节　共和政体和与民主政治有关的法律

共和国的全体人民握有最高权力时，就是民主政治。共和国的一部分人民握有最高权力时，就是贵族政治。

在民主政治里，人民在某些方面是君主，在某些方面是臣民。

只有通过选举，人民才能当君主，因为选举表现了人民的意志。

主权者的意志，就是主权者本身。因此，在这种政治之下，建立投票权利的法律，就是基本法律。民主政治在法律上规定应怎样、应由谁、应为谁、应在什么事情上投票，这在事实上和君主政体要知道君主是什么君主，应如何治理国家，是一样的重要。

李巴尼乌斯[15]①说，在雅典曾有一个异邦人混进了人民议会，被处死刑。这是因为这样的一个人僭夺了主权上的权利。

规定组成议会的公民的数目是最重要的事。要不然，人们便不知道到底是人民或只是一部分的人民说了话。在拉栖代孟，议会要由一万公民组成。在诞生于微小而走向伟大的罗马；在注定要经历命运的一切变幻的罗马；在有时候所有公民都在它的围墙之外，有时候整个意大利和世界的一部分都在它的围墙之内的罗马；议会的公民数目从未曾固定过②，这是罗马毁灭的一个重大原因。

握有最高权力的人民应该自己做他所能够做得好的一切事情。那些自己做不好的事情，就应该让代理人去做。

如果那些代理人不是由人民指派的话，便不是人民的代理人。所以这种政体有一个基本准则，就是人民指派自己的代理人——官吏。

人民和君主们一样需要，或者比君主们更需要，由一个参政院或参议会来指导一切[16]。但是为着可靠起见，它的成员应由人民选择。或者像雅典一样，由人民直接选择，或是像罗马曾几次实行过的一样，由人民指派官员去选择。

人民在选择那些应接受他们某一部分权力的委托的人的时候，真是做得好极了[17]。他们只要依据他们所不能不知道的东西和他们所显

---

① 《演说》17、18。
② 见孟德斯鸠：《罗马盛衰原因论》，第9章。

然感觉到的事实,去做决定。他们很知道哪个人常出去作战,曾有过这些或那些功绩;因此他们在选择一位将领的时候,是很有本事的。他们知道哪一个法官是辛勤的,知道很多从法院回来的人对他都感到满意,知道他不曾有受贿的嫌疑。人民知道这些,已足以选择一位裁判官了。某一公民的豪华或财富使人民感到惊异;这已足使他们选择一位市政官了。人民在公共的地方比君主在深宫中更能知道这些事情。但是他们因此就懂得处理事情,了解地点、机会和时间而加以利用么?不,他们是不懂得的。

如果有人对人民这种鉴别才德的天然能力有所怀疑的话,他只要一看雅典人和罗马人所做的一系列使人惊异的选择就够了。无疑,我们不能把这些选择都说是凑巧。

人们知道,在罗马,虽然人民有权利提升平民[18]去担任公职,但是他们未曾决然选拔过平民。在雅典,虽然按照阿利斯底德的法律,人们可以从任何等级遴选官吏,但是据色诺芬①说,从来就没有过下层人民竟要求同国家的安全或声誉可能有关的职位。

多数公民有足够的选举能力,而不够被选资格。同样,人民有足够的能力听取他人关于处理事务的报告,而自己则不适于处理事务。

事务要办理,又要有一定的进度,不太慢,也不太快。但是人民往往是行动得太多,或是行动得太少。十万只手臂有时候可以推翻一切;但是十万只脚有时候只能像昆虫那样前进。

在平民政治之下,人们把人民分为某些等级。伟大的立法者就是

---

① 《历史》,1596 年魏涉利乌斯版,第 691—692 页。

在这种等级区分上出了名。等级区分的方式,常常是同民主政治的寿命和繁荣相联系的。

塞尔维乌斯·图里乌斯在他的等级的安排上是遵照贵族政治的精神的。我们从狄德·李维[①]和狄欧尼西乌斯·哈利卡尔拿苏斯[②]的著作里,看到他如何把选举的权利放在主要的公民手里。他把罗马的人民分成一百九十三个"百人团",这些团构成六个等级。他把有钱而人数较少的人放在最高的一些团里,把不那么有钱而人数较多的放在其次的一些团里,把全体赤贫的群众放在最后的一个团里;而每团只能投一票[③],与其说是人在选举,毋宁说是资产与财富在选举。

梭伦把雅典的人民分为四个等级。他是在民主政治精神的指导下,进行等级的划分的,所以目的不是要规定谁应选举,而是规定谁可以被选。他让每个公民都有选举权,他要人们从四个等级的每一个等级里选举"法官"[④],但是只能从前三个等级里选择"官吏"[19]。这三个等级是富有的公民。

在共和国里,因为有选举权人的划分是一种基本法律,所以,进行选举的方式也是一种基本法律。

用抽签的方式进行选举是属于民主政治的性质[20]。用选择的方式进行选举是属于贵族政治的性质。

抽签是不使任何人感到苦恼的选举方式。它给每一个公民以一种

---

① 《罗马编年史》,第1卷。
② 狄欧尼西乌斯·哈利卡尔拿苏斯:《罗马古代史》,第4卷,第15条及以下各条。
③ 关于塞尔维乌斯·图里乌斯的这种精神如何保存在共和国里,见孟德斯鸠:《罗马盛衰原因论》,第9章。
④ 狄欧尼西乌斯·哈利卡尔拿苏斯:《伊苏格拉底赞词》,魏涉利乌斯版,第2卷,第92页。波留克斯:《名辞集》,第8卷,第10章,第130条。

为祖国服务的合理愿望。

但是，因为这个方式本身就有缺点，所以伟大的立法者们都特别努力加以整理和矫正。

在雅典，梭伦规定：一切军事的职位都依选择的方式任命，参议员与法官用抽签的方式选举。

他规定那些需要巨额费用的文官职位依选择方式任命，其余职位则依抽签方式授予。

但是，为着矫正抽签选举之弊，他规定：只能从自荐的人们当中挑选；中选人又要经评判人鉴定[1]；每一个人认为中选人的资格不合[2]，都可提出控诉。这样既是抽签，同时又是选择。在一个官吏任期届满的时候，他在任内品行如何，又要受到另一次鉴定。没有能力的人，在进行抽签选举的时候，当然是很不愿意提出自己的名字的。

规定投票方式的法律也是民主政治的一种基本法律。选举应该公开或是秘密，是一个重大问题。西塞罗[3]指出，在罗马共和国的末期，那些规定秘密选举的法律[4]是共和国灭亡的重大原因之一。但是秘密投票在不同的共和国里有种种不同的做法，所以我想这正是需要思索的地方。

无疑，人民的选举应当公开[5]；应该把这点看做是民主政治的一条基本法律。平民应该受首脑的人物的指导，并应受到某些人物庄严肃穆的态度的约束；所以，当罗马共和国把选举定为秘密的时候，这

---

[1] 见德漠斯提尼斯的演讲《论伪钦差》及反第马尔库斯的演讲。
[2] 人们对每一职位投两票，一为正票，一为候补票，当第一被选人被拒绝时，即由候补人填补。
[3] 《法律》，第1、3卷。
[4] 这些法律叫做"表法"，就是发给每个公民两张表或单子，甲表写着："我反对"，乙表写着："如你所欲"。
[5] 雅典用举手方式。

013

一切都被破坏了；指导一群迷失方向的民众，已不再是可能的了。但是在贵族政治的场合，选举由贵族团体举行①；在民主政治的场合，选举由参议会举行②，他们唯一的问题就是预防阴谋诡计，所以选举是不能够太秘密的。

对于参议会，阴谋诡计是危险的；对于贵族团体，也是一样。但是对于人民，却是不危险的。人民的性格是依感情而行动。在人民完全不参与政府的国家里，人民将为一出戏剧的演员而狂热，俨然像为国事而狂热一样。一个共和国的不幸，就是它不再有阴谋诡计的时候。这情形发生在人们用金钱腐化了人民的情况下。这时人民变成冷静了，热衷于金钱而不再热衷于国事。他们不关心政府和政府所打算做的事情，而是安静地等待着报酬。

民主政治还有一条基本规律，就是只有人民可以制定法律。但是在许多场合，有必要由参议会制定；一种法律在确定以前先试行一下，往往是妥当的办法。罗马和雅典的政制是很明智的。参议会③决议的法律效力只有一年；这些决议要有人民的同意，才能成为永久性的法律。

第三节　与贵族政治的性质有关的法律

贵族政治[21]最高的权力是掌握在某一部分人的手中。就是这些人制定并执行法律。其余的人民和这些人的关系，最多就像君主政体中

---

① 例如在威尼斯。
② 雅典的三十个暴君规定，最高裁判所成员的选举要公开，以便随意操纵。黎西亚斯：《反亚果拉特的演说》，第8卷。
③ 见狄欧尼西乌斯·哈利卡尔拿苏斯：《罗马古代史》，第4、9卷。

的臣民和君主的关系。

那里是看不见抽签选举的；抽签选举只能发生不便。实际上，在一个已经建立了最令人苦恼的爵位门阀的政府，就是进行抽签选举的话，也不能减少人们的憎厌，因为人们所嫉视的是贵族，而不是官吏。

贵族的数目既然很多，就需要一个参议会去处理贵族团体所不能决定的事务，并筹备贵族团体所将决定的事务。在这种场合，我们可以说在一定程度上，在参议会中是贵族政治，在贵族团体中是民主政治，而人民则什么也不是。

如果人们能够通过某一个间接的途径，使人民摆脱这种毁灭的状态，则对于贵族政治将是一件极幸福的事；因此，热那亚的圣乔治银行主要是由人民中的领导人物们[1]来经营，给人民在政府中一定的势力，人民便由此而获得一切幸福。

参议会的参议员绝不应该有补充其成员缺额的权利。没有比这种权利更能使弊端长久存在的了。罗马在初期是一种贵族政体，参议会自己不得补充其成员的缺额；新的参议员要由监察官任命[2]。

在共和国里，如果一个公民突然取得过高的权力，便将产生君主政体或者是更甚于君主政体的情况。在君主国里，有满足政制上需要的法律，或是同政制相适应的法律；君主又受政体原则的控制。但是在共和国里，当一个公民获得过高的权力[3]时，则滥用权力的可能也就更大，因为法律未曾预见到这个权力将被滥用，所以未曾作任何控制的准备。

---

[1] 见阿迪孙：《意大利旅行》，第16页。
[2] 最初是由执政官任命的。
[3] 罗马共和国就是这样被推翻的。见孟德斯鸠：《罗马盛衰原因论》，第14、16章。

这条规律有一个例外。当一个国家的政制本身需要有一个执掌非常权力的长官的时候，就是例外。罗马和它的"独裁官们"，威尼斯和它的"国家审理官们"，就是如此。这些官职是可怕的；它们以粗暴的方法使国家重新走向自由。但是为什么这些官职在这两个共和国之间这样不同呢？这是因为罗马是在保卫它的贵族政治的残余，而和人民作对；而威尼斯则是利用它的"国家审理官"去维持它的贵族政治，而和贵族作对。因此，在罗马独裁不会长久，因为人民是依热情而不是依计划行动的。独裁权力的行使就必须要能够炫人耳目，因为问题是要恐吓人民，而不是要惩罚人民；独裁官必须是为单独一件事而设立的，他又必须只有在这件事上有无限的权威，因为他是专为一件未曾预料到的事情而设立的。威尼斯正相反；它需要一个永久性的官职，这样可以创设、实施、中止或恢复种种的计划；一个人的野心变成了一个家族的野心；一个家族的野心变成了若干家族的野心。这个官职必须是隐蔽的，因为它所惩罚的罪行常常是处心积虑的，是在秘密中、是在不声不响中进行的。这个官职的审理范围必须是普遍的，因为它不是要纠正人们所已知道的恶行，而尤其是要预防人们所不知道的罪恶。总之，威尼斯官职的设立是为着要惩戒所怀疑的罪行；罗马的官职对于罪行——甚至对罪犯所承认的罪行——使用恐吓多于惩罚。

一切官职，如果权力大，任期就应该短，以资补救[22]。多半的立法者把任期规定为一年。长于一年，便有危险；短于一年，便和事务的性质相违背。能有人愿意这样去管理自己家庭的事务么？在腊古札[①]，共和国的元首每一个月更换一次，其余的官吏每个星期更换一

[①] 见杜恩福：《旅行》。

次；城寨的首长每天更换一次。这种情形只有在一个被一些可怕的强国所环绕的小共和国①才可能发生；这些强国很容易就可以把小官们腐化了。

最好的贵族政治是没有参与国家权力的那部分人民数目很少，并且很穷，那么，占支配地位的那部分人民就没有兴趣去压迫他们了。因为这个缘故，在雅典当安提帕特尔②规定，没有两千得拉姆银币的人，不得有选举权的时候，便建立了可能有的最好的贵族政体，这个选举资格很低，所以被剔除的人很少，城市中略有身份的人也都没有受到排斥。

因此，贵族的家庭应该尽量平民化。贵族政治越是近于民主政治，便越是完善；越是近于君主政体，便越不完善。

最不完善的贵族政治，就是处于服从地位的那部分人民是处于统治地位的那部分人民的私人奴隶，例如在波兰贵族政治之下，农民就是贵族的奴隶。

第四节　法律与君主政体性质的关系[23]

君主政体的性质是"中间的""附属的"和"依赖的"这些权力所构成。我说君主政体的性质，指的是由单独一个人依照基本法律治理国家的那种政体的性质。我说"中间的""附属的"和"依赖的"这些权力，因为实际上，在君主政体里，君主就是一切政治的与民事的权力的泉源。有基本法律，就必定需要有"中间的"途径去施行权力，

---

① 卢卡的官吏任期只有两个月。
② 见狄奥都路斯：《历史文献》，罗得曼版，第18卷，第601页。

因为如果一个国家只凭一个个人一时的与反复无常的意志行事的话，那么这个国家便什么也不能固定，结果也就没有任何基本法律了。

最自然的中间的、附属的权力，就是贵族的权力。贵族在一定方式上是君主政体的要素。君主政体的基本准则是：没有君主就没有贵族，没有贵族就没有君主[24]。但是在没有贵族的君主国，君主将成为暴君。

在欧洲的一些国家里，曾有人妄想要废弃所有贵族的一切司法权。他们没有看到，他们所要做的是英国国会所已经做过了的。请把君主政体中的贵族、僧侣、显贵人物和都市的特权废除吧！你马上就会得到一个平民政治的国家，或是一个专制的国家。

几个世纪以来，欧洲某一个大国[25]的法院，不断地在攻击贵族关于财产的管辖权，并攻击教会。我们不愿意批评那些如此明智的法官。但是我们要让大家判断一下，到底人们可能把政制改变到什么程度。

我并不是一定要袒护僧侣们的特权，但是我总希望，人们把僧侣们的管辖权明确地规定一下。问题并不是要知道这种管辖权的设立是否合理，而是要知道这种管辖权是否已经设立，是否为国家法律的一部分，并且是否处处都和这些法律相关连；在人们认为是彼此独立的两种权力之间，是否就不应当有相互的条件；对一个良好的臣民来说，是否也有责任去保卫君主的法权，或是保卫自古以来就被规定属于君主法权的界线。

僧侣权力对于共和国是危险的，但是对于君主国却是适当的，尤其是对那些倾向于专制政体的君主国，更是适当。西班牙和葡萄牙自从它们的法纪败坏之后，如果没有这个唯一能够制止专横的力量的话，它们会变成怎样呢？对于专横既然没有其他阻力，那么这个阻力总是好的，因为专制主义既然给人类带来可怕的危害，那么那个能够约束专制主义的害处本身也是好处了。

汪洋大海，看来好像要覆盖全部陆地，但是被岸边的草莽和最小的砂砾阻止住了。同样，君主的权力似乎是无边无际的，但是他们在最微小的障碍面前停止住了，并且让自己自然的骄横屈服于怨言与恳求。

英国人，为着维护自由，把构成他们君主政体的一切中间权力都铲除了。他们保存这个自由是很对的，如果他们失掉了这个自由的话，他们便将成为地球上最受奴役的人民之一了。

法律先生因为对共和政制和君主政制都蒙昧无知，所以成为欧洲自古以来专制主义的最大倡议者之一。除了在他指导下做出的很粗暴的、罕见的、前所未闻的变革而外，他还要铲除中间阶级，并消灭它的政治团体。他收回贵爵们的土地，用不实的钞票作酬报，这促使君主政体分崩瓦解①，但看来却好像是有心救赎君主政制似的。

一个君主国，只有中间阶级是不够的，还应该有一个法律的保卫机构。担当这个保卫机构的，只能是政治团体。这些团体在法律制定时便颁布法律，在法律被忘掉时，则唤起人们的记忆[26]。由于贵族自然的无知、怠惰和轻视民政，所以必定要有一个团体，不断地把法律从将被掩埋的尘土中发掘出来。君主的枢密院不是一个合适的保卫机构。从它的性质而论，它是执政的君主一时的意欲的保卫机构，而不是国家的基本法律的保卫机构。加之，君主的枢密院不断地更换，它绝不是永久性的；它的人员不会多，并且缺少人民足够高度的信任，

---

① 阿拉贡的王腓迪南极巧妙地掌握了品级门族的事，仅仅这点就改变了政制。

因此在困难的时候它不能教导人民,也不能恢复人民的服从。

专制的国家没有任何基本法律,也没有法律的保卫机构。因此,在这些国家里,宗教通常是很有力量的;它形成了一种保卫机构,并且是永久性的。要是没有宗教的话,专制国中被尊重的便是习惯,而不是法律。

第五节 与专制政体的性质有关的法律

由于专制权力的性质的关系,施行专制统治的单独个人也同样地用一个单独个人去替他行使他的权力。一个人的五官如果不断地对他说"你就是一切,别人什么也不是"的话,他自然就懒惰、愚昧、耽于逸乐。因此,他把一切事务都放弃不管了。但是,如果他把国家事务交给几个人去办的话,这些人之间就要发生纠纷;都阴谋设法成为他的第一个奴才;而君主便又不得不再亲自执掌国政了。所以最简单的办法是把行政委托给一个宰相[①]。首先,宰相要有和他同样的权势。在这种政体的国家里,设置一个宰相,就是一条基本法律。

据说,有一个人被选为教皇,深感自己不能胜任,起初竭力推辞,后来,他接受了这个职位并且把一切事务都交给他的侄子去办。就职不久,他惊讶地说:"我从来未想到当教皇是这样容易。"这在东方的君主们也是一样。当他们蛰居在像监狱般的深宫里,太监使他们的心思和精神日益颓废,甚至常常使他们不知道自己的地位,人们把他们从这个"监狱"拖出来,放到王位上去,他们开始是惊愕的;但是,

---

[①] 沙尔旦先生说,东方的君王们是经常有宰相的。

在他们设立了一个宰相的时候,他们便在后宫放纵最兽性的情欲;在一个颓唐的朝廷里,他们遵循着最愚蠢的反复无常的癖好,他们从来就没有想到当君主是那样容易的。

帝国越大,后宫也越大,因而君主越沉醉于欢乐。所以,在这些国家里,君主应治理的人民越多,便越不想治理;事情越重大,便越少去思索。

第三章　三种政体的原则

第一节　政体的性质和政体的原则的区别

在探讨了同各种政体的性质有关的法律之后,我们应该研究同政体的原则有关的法律。

政体的性质和政体的原则的区别[①] 是:政体的性质是构成政体的东西;而政体的原则是使政体行动的东西。一个是政体本身的构造;一个是使政体运动的人类的感情。

法律同各类政体的原则的关系不应少于它们同各类政体的性质的关系。因此,我们应探求原则是什么。这就是我在本章所要论述的。

第二节　各种政体的原则

我说过,共和政体的性质是:人民全体或某些家族,在那里握有最高的权力;君主政体的性质是:君主在那里握有最高的权力,但是他依据既成的法律行使这一权力;专制政体的性质是:一个单独的个

[①] 这个区别是极重要的。我将从此做出许多推论来。这些区别是无数法律的钥匙。

人依据他的意志和反复无常的爱好在那里治国。这就使我能够找出这三种政体的原则。这些原则是自然而然地从那里推衍出来的。我先由共和政体开始,并先谈民主政治。

第三节 民主政治的原则

维持或支撑君主政体或是专制政体并不需要很多的道义。前者有法律的力量,后者有经常举着的君主的手臂,可以去管理或支持一切。但是在一个平民政治的国家,便需要另一种动力,那就是品德[27]。

我所说的,所有历史家都已证实,而且是很符合于事物的性质的。因为一个君主国里执行法律的人,显然自己认为是超乎法律之上的,所以需要的品德少于平民政治的国家。平民政治的国家里执行法律的人觉得本身也要服从法律,并负担责任。

由于听信坏的劝告或是由于疏忽以致停止执行法律的君主,能够容易地补救这个过失,这也是显然的。他只要改换枢密院,或改正自己的疏忽就够了。但是平民政治,如果法律被停止执行,这只能是由于共和国的腐化而产生的,所以国家就已经是完蛋了[28]。

在上世纪,英国人要给自己建立民主政治;他们未能获得成效的努力,可称奇观。因为那些参与政事的人毫无品德;因为那位最大胆的人①的成功激起了他们的野心;因为宗派主义浸透了一个又一个的得势的党派,所以政府不断地更迭;惊愕了的人民寻求民主政治,但却什么地方也找不到。最后,在经历许多动乱、冲击、震荡之后,他

---

① 指克伦威尔。

023

们不能不重新回到他们所废止了的那种政体之下去休息。

当苏拉愿意把自由还给罗马的时候,罗马不能再接受自由了。它只残留着微少的品德。因为它的品德天天在减少着,所以在恺撒、提贝留斯、盖犹斯、格老狄乌斯、尼禄、多米先之后,罗马并没有清醒过来,所受奴役反而日益加深。一切的攻击,全都是对着暴君,却没有一次是对着暴政的。

爱好政治的希腊人,生活在平民政治之中,知道品德的力量是唯一支持他们的力量[29]。今天的希腊人则仅仅同我们谈工艺、贸易、财政、财富,甚至谈奢侈。

当品德消逝的时候,野心便进入那些能够接受野心的人们的心里,而贪婪则进入一切人们的心里。欲望改变了目标:过去人们所喜爱的,现在不再喜爱了;过去人们因有法律而获得自由,现在要求自由,好去反抗法律;每一个公民都好像是从主人家里逃跑出来的奴隶;人们把过去的准则说成严厉,把过去的规矩说成拘束,把过去的谨慎叫做畏缩。在那里,节俭被看做贪婪;而占有欲却不是贪婪。从前,私人的财产是公共的财宝;但是现在,公共的财宝变成了私人的家业,共和国就成了巧取豪夺的对象。它的力量就只是几个公民的权力和全体的放肆而已。

当雅典很显赫地称霸四邻的时候,同它很可耻地遭受奴役的时候,它所拥有的兵力是一样的。当它防卫希腊反抗波斯的时候,当它和拉栖代孟争帝国的时候,当它进攻西西里的时候,它的公民是两万人①。当狄米特里乌斯·法列累乌斯稽核它的人口②就如同人们在市场

---

① 普卢塔克:《珀里克利斯》;柏拉图:《克里西亚斯》。
② 计公民两万一千人,异邦人一万人,奴隶四十万人。见雅蒂乃乌斯:《食事大全》,第6卷。

上数奴隶一样的时候，它的公民是两万人。当菲利普敢于统治希腊，而出现在雅典人的门前的时候[①]，它仍然坐失了时间。在德漠斯提尼斯的著作里，人们可以看见使希腊清醒过来是如何困难：雅典人怕菲利普，不是因为菲利普是自由的敌人，而是因为他是逸乐的敌人[②]。从前，这个城市曾经抗住了那么多次的失败，人们看见它从毁灭中又复兴起来。但它在凯龙尼亚一败之后，就永远失败了。虽然菲利普把所有的俘虏都遣还了，但是有什么用处呢！他所遣还的并不是战士！这时要战胜雅典的军队总是容易的了，正如要战胜它的品德总是困难的一样。

迦太基怎么能够站得住呢？当汉尼拔任"裁判官"要禁止官吏们掠夺这个共和国的时候，官吏们不是到罗马人那里去控告他么？可怜虫啊！他们不要城市，但又要做公民，并且还要用他们的毁灭者的手去保持自己的财产！不久罗马要求他们用迦太基的主要公民三百人为质，以后又让他们把军械和船只交出来，末后向他们宣战。从被解除了武装后迦太基在绝望中所做的决死战[③]去看，人们便能够了解，当迦太基还有军力时，如果再有品德的话，它还能够有多么大的成就！

第四节　贵族政治的原则

平民政治需要品德，贵族政治也需要品德；不过贵族政治不是那样绝对地需要它，这也是真的。

[①] 这时希腊公民是两万人。见德漠斯提尼斯：《亚里斯多基敦》。
[②] 他们以前曾通过一条法律，规定凡打算把戏剧费用挪作战费的，处死刑。
[③] 这个战争打了三年。

人民和贵族的关系，正像臣民和君主的关系一样。人民是受法律的拘束的。所以贵族政治下的人民比民主政治下的人民较少需要品德。但是贵族受什么样的拘束呢？那些执行法律来约束同事的人们，很快将会感到他们的行动也是不利于自己。因此，按照政制的性质，贵族团体是需要品德的。

贵族政治本身具有民主政治所没有的某一种力量。贵族们在那里形成一个团体。这个团体，依据它的特权，并为着私人的利益，抑制人民，只要有法律，并且在这一方面获得执行，就够了。

但是贵族团体抑制别人容易，抑制自己却是困难的[①]。这种政制的性质就是这样，所以看来就像是把贵族放在法律权威之下，而又使贵族置身于法律之外。

那么，这样一个团体只有两种抑制自己的方法。一个是以高尚的品德，使贵族和人民多少平等些，这可能形成一个大共和国。另一个是以较小的品德，也就是说以某种程度的节制使贵族们至少在贵族之间是平等的，这样他们就能够存在下去。

因此，节制是贵族政治的灵魂。我指的是那种以品德为基础的节制，而不是那种出自精神上的畏缩和怠惰的节制。

第五节　品德绝非君主政体的原则

在君主国里，人们通过政策经营巨大事业，但是尽可能少用品德。这就像在最美好的机器里，人们通过技术尽可能减少机件、发条和齿

[①] 在那里，公罪可能受到惩治，因为与众人有关；私罪则不加惩治，因为与众人无关，无须加以惩治。

轮的数目一样。

君主国家的生存并不依赖爱国心、追求真正光荣的欲望、舍弃自己、牺牲自己最宝贵的利益，以及我们只听说的古人所曾有过的一切英雄的品德。

在君主国里，法律代替了所有这一切品德的地位；人们对品德没有任何需要；国家也不要求人们具备这些品德。在君主国里，一个行为，只要是不声不响地去做的话，多多少少是没有人追究的。

虽然一切的犯罪都是公罪性质，但是人们仍然把真正的公罪和私罪分开。所以叫做私罪，是因为它们对私人的侵犯多于对整个社会的侵犯。

在共和国里，私罪有较多的公罪性质，意思就是说，它们触犯国家的政制多于触犯私人；而在君主国里，公罪有较多的私罪性质。意思就是说，它们触犯私人的幸福多于触犯国家的政制本身。

我请求人们对我所说的话不要介意，一切历史可作证明。我很知道，有品德的君主并不在少数，但是我说的是，在君主国里人民要有品德是很困难的①30。

让人们读一读各时代历史家关于君主们的朝廷的记述吧！让人们回忆一下各国的人关于廷臣们的卑鄙性格的谈话吧！这些谈话绝不是臆想31，而是来自悲痛的经验。

好闲逸而有野心，骄傲而卑鄙，希望不劳而致富，憎恶真理，谄媚、背信、弃义，不遵守一切诺言，蔑视公民职责，惧怕君主有品德，希望君主有弱点，而且比这一切都糟的是，永远向品德嘲笑——这些

---

① 我这里所指的是"政治品德"。——"政治品德"，在它以公共福利为目的这一意义上，是道德上的品德。我所指的，绝少是私人道德上的品德，而且绝不是那种同宗教上"天启的真理"有关系的品德。这在本书第5章第2节可以清楚地看到。

东西,我想,构成了各地方、各时代最大多数廷臣的显著性格。那么,在一个国家里,首脑人物多半是不诚实的人,而要求在下的人全都是善人;首脑人物是骗子,而要求在下的人同意只做受骗的呆子;这是极难能的事。

但是如果恰巧在人民中间有某个不幸的诚实人①的话,应怎样呢?红衣主教李索留在他所著《政约》[32]里婉转地说,一个君主应该小心,不要用这种诚实人②。品德不是这类政体的动力,这是如何真实啊!诚然,这类政体绝不排除品德,但品德并不是它的动力。

第六节　君主政体里什么代替了品德

我赶快吧,我跨着大步前进吧,免得人们以为我是在讽刺君主政体。不,我不是在讽刺。君主政体缺少这一个动力,但是它却具有另一个动力,这就是荣誉。荣誉就是每个人和每个阶层的成见。它代替了我所说的政治品德,并且处处做品德的代表。在君主国里,它鼓舞最优美的行动;它和法律的力量相结合,能够和品德本身一样,达成政府的目的。

因此,在治理得很好的君主国里,每一个人都几乎是好公民,但是难于找到一个善人,因为要做善人③的话,便应该有做善人的意向④,并且爱国家是为着国家多,为着自己少。

---

① 这个名词,要用上面的注的意义去了解它。
② 李索留在书里说,不要使用出身卑贱的人;他们太酸涩,太难对付。见《政约》,第4章。
③ 这里所谓"善人",只意味着政治的善人。
④ 见第5节第1注。

第七节　君主政体的原则

我们已经说过，有君主政体就要有优越地位、品级，甚至高贵的出身。荣誉的性质要求优遇和高名显爵。就是因为这个缘故，荣誉便在这类政体中获得地位。

在共和国里，野心是有害的。在君主国里，野心却会产生良好的效果。野心使君主政体活跃而有生命。它对这类政体没有危险，这是优点。因为在这种政体里，野心可以不断地受到压制。

你也许要说，这就像宇宙的体系一样，有一种离心力，不断地要使众天体远离中心，同时又有一种向心力，把它们吸向中心去。荣誉推动着政治机体的各个部分；它用自己的作用把各部分连结起来。这样当每个人自以为是奔向个人利益的时候，就是走向了公共的利益。

从哲学上说，领导着国家各部分的，是一种虚假的荣誉，这是事实；不过，这种虚假的荣誉对公家是有用处的。这和真实的荣誉对获得这种荣誉的私人有用处是一样的。

然而，勉强人们做一切既困难又需要费力气的行动，除了给人们关于这些行动的声誉而外，并不给予其他报酬，这不是太过么？

第八节　荣誉绝不是专制国家的原则

专制国家的原则绝不是荣誉。在那里，人人都是平等的，没有人能够认为自己比别人优越；在那里，人人都是奴隶，已经没有谁可以和自己比较一下优越了。

不仅这样，荣誉有它的法则和规律，它不知道什么是屈服；它主要以自己变幻无常的意欲为基础,而不是依从别人的意欲。所以只有在有固定政制、有一定的法律的国家,方才谈得上荣誉。

荣誉怎能为暴君所容忍呢?它把轻视生命当做光荣,而暴君之所以有权力正在于他能剥夺别人的生命。荣誉怎能容忍暴君呢?荣誉有它所遵循的规律和坚定不移的意欲,而暴君没有任何规律,他的反复无常的意欲毁灭其他一切人的意欲。

在专制的国家里,人们不知道什么是荣誉。甚至常常没有文字可以表达它[1]。然而荣誉却统治着君主国家;在那里,它给整个政治机体、给法律甚至给品德本身以生命。

第九节　专制政体的原则

共和国需要品德,君主国需要荣誉;而专制政体则需要恐怖。对于专制政体,品德是绝不需要的,而荣誉则是危险的东西。

在专制政体之下,君主把大权全部交给他所委任的人们。那些有强烈自尊心的人们,就有可能在那里进行革命,所以就要用恐怖去压制人们的一切勇气,去窒息一切野心。

一个宽和的政府可以随意放松它的动力,而不致发生危险。它是依据它的法律甚至它的力量,去维持自己的。但是在专制政体之下,当君主有一瞬间没有举起他的手臂的时候,当他对那些居首要地位的人们不能要消灭就立即消灭[2]的时候,那一切便都完了,因为这种政府的动力——恐怖——已不再存在,所以人民不再有保护者了。

---

[1] 见裴里:《大俄罗斯的现状》,第447页。
[2] 这在军事性的贵族政治下是时常发生的。

土耳其的法官们所主张的,显然就是这个意思。他们认为,土耳其的皇帝,如果他的约定或誓言使他的权威受到限制的话,就完全没有履行该约定或誓言的义务①。

老百姓应受法律的裁判,而权贵则受君主一时的意欲的裁判;最卑微的国民的头颅得以保全,而总督们的头颅则有随时被砍掉的危险。人们谈到这些可怕的政府,不能不战栗。晚近被米利维斯废掉的波斯王所以看到了他的政府在被征服以前就已覆亡,就是因为他不曾使人们流过足够的血②。

历史告诉我们,多米先可怖的残酷,使总督们非常畏惧,因而在他的治下的人民的生机略略得到了恢复③。这正像洪水毁坏了河岸的一边,而在另一边却留下了田野,远处还可望见一些草原。

第十节 在宽政与暴政国家中服从的区别

在专制的国家里,政体的性质要求绝对服从;君主的意志一旦发出,便应确实发生效力,正像球戏中一个球向另一个球发出时就应该发生它的效力一样。

在专制的国家里,绝无所谓调节、限制、和解、条件、等值、商谈、谏诤这些东西;完全没有相等的或更好的东西可以向人建议;人就是一个生物服从另一个发出意志的生物罢了。

在那里,人们不得把坏的遭遇归咎于命运之无常,也不得表示对

---

① 李果:《奥托曼帝国》,第1卷,第2章。
② 见杜塞尔梭神父所著关于这一革命的历史。
③ 苏埃多尼乌斯:《多米先》,第8章。多米先的政府是军事性的,是属于专制政体的类型。

将来厄运的畏惧。在那里，人的命运和牲畜一样，就是本能、服从与惩罚。

人们不必去为自然的感情——对父亲的孝敬，对儿女和妻子的爱怜——以及荣誉的规律或健康的情况等辩说，这是没有用处的。接受命令就够了。

在波斯，如果有一个人被国王判了罪，那么人们就不得再向国王谈到他，也不得请求恩赦。如果国王是在酒醉或是精神失常时做出这个决定的话，他的敕令仍然是要执行的①；要不是这样的话，他便将自相矛盾了，但是法律是不能自相矛盾的。在那里，这种想法总是存在着的。亚休爱露斯因为无法收回灭绝犹太人的命令，所以决定准许犹太人自卫。

不过有一件东西人们有时候可以拿来对抗君主的意志②，那就是宗教。如果君主命令人舍弃他的父亲，甚至杀死他的父亲的话，这是要遵从的；但是如果君主愿意人喝酒，或是命令人喝酒，人们是不会喝的。宗教的法规是高一级的训条，它们支配着老百姓，同时又支配着君主。但是自然法，就不是这样；按照假定，君主已不止是一个人了。

在君主的、政治宽和的国家里，权力受它的动力的限制，我的意思是说，受荣誉的限制，荣誉像一个皇帝，统治着君主，又统治着人民。人们绝对不去向君主援引宗教的法规，朝臣知道，这样做的话，自己就可笑了。但是人们将不断地向君主援引荣誉的法规，因此，在服从上便产生了必要的限制；荣誉在性质上免不了受幻想的支配，而服从，则跟着所有这些幻想走。

---

① 见沙尔旦:《波斯旅行记》。
② 同上。

这两种政府,虽然服从的方式不同,但是权力是一样的;君主举足重轻,并受到服从。总的区别是:君主政体的君主接受议论的启导,它的臣宰的机敏和对政务的练达,是远远超过专制国家的臣宰的。

第十一节　总结

三种政体的原则就是这样。这意思并不是说,共和国的人都有品德;而是说,他们应该如此。这也不是要证明,君主国的人都有荣誉,而在某一个个别的专制国家的人都心怀恐怖。我们所要证明的是,应该要有这些原则,否则政体就不完全。

第四章　教育的法律应该和政体的原则相适应

第一节　教育的法律

教育的法律是我们最先接受的法律。因为这些法律准备我们做公民，所以每一个个别的家庭都应当受那个大家庭的计划的支配，这个大家庭包含着全体个别的家庭[33]。

如果全体人民有一个原则的话，那么作为全体人民的构成部分的家庭便也要有这个原则。因此，教育的法律在各种政体之下也将不同。在君主国里，教育的法律的目的应该是荣誉；在共和国里，应该是品德；在专制国里，应该是恐怖。

第二节　君主国的教育

在君主国里，人们接受主要教育的地方，绝不是教育儿童的公共学校；当一个人进入社会的时候，教育才在某种程度上开始。那里就是教给我们所谓荣誉的学校；荣誉——这个众人的教师——应该在各处都引导着我们。

就是在那里，人们看见并且经常听说三件东西："品德，应该高尚些；处世，应该坦率些；举止，应该礼貌些。"

在那里，人们使我们看到的品德，往往是关于我们对自己所应负的义务，而关于我们对他人所负的义务方面则较少。这些品德，与其说是召唤我们去接近我们的同胞，毋宁说是使我们在同胞中超群出众。

在那里，判断人的行为的标准不是好坏，而是美丑[①]；不是公道与否，而是伟大与否；不是合理与否，而是非凡与否。

荣誉可能在那里找到一些高尚的东西；那么在这种场合，如果不是法官把它们合法化，就是诡辩家替它们提供理由。

对妇女献殷勤，如果是同爱情的思想或征服的思想相结合的话，是可以容许的。这就是君主国的风俗永不能像共和国的风俗那样纯洁的真正原因。

施用权谋术数，如果是同伟大胸襟或伟大事业的思想相结合的话，是可以容许的，例如在政治上施用狡诈是无损于荣誉的。

为了求取富贵而去阿谀奉承，这是荣誉所不禁止的。但是如果不是为求富贵，而是在感情上认为自己卑贱，因而去阿谀奉承的话，那就是荣誉所不许的。

关于处世，我已经说过，君主政体的教育应该让它有几分坦率。因此，谈话时要有一些真实。这是不是因为爱真实呢？绝对不是。人们所以要真实，是因为一个习惯于说真实话的人，总显得大胆而自由。实在说，这样的一个人便显得他是专以事物为根据，而不是随和别人对事物的看法。

[①] 甲本无"不是好坏而是美丑"句。

人们越提倡这样的坦率，便越轻视老百姓的坦率。因为老百姓的坦率，目的仅仅是真实与质朴而已。

末后一点：君主国的教育要求人们举止上要有几分礼貌；人类生来要生活在一起，所以生来也就要使彼此喜悦。那些不遵守礼节的人，会得罪一切共同生活的人们，便将失掉社会的尊重，以致不能有所成就。

但是礼仪的来源通常不是很单纯的。它是来自想出人头地的欲望。我们有礼貌是因为自尊。我们用一些仪表来证明我们不是卑贱，来证明我们从未同各世代所不齿的人们生活在一起过，这就使我们自己感到得意。

在君主国里，礼仪也为朝廷所采用。一个非常伟大的人便使别人都显得渺小。从这里，产生了我们对一切人的尊敬。从这里，产生了礼貌，礼貌使有礼貌的人喜悦，也使那些受人以礼貌相对待的人们喜悦，因为礼仪表示着一个人是朝廷中的人物，或者应当是朝廷中的人物。

朝廷的仪表，在于舍去真正的尊贵，以换取矫饰的尊贵。朝臣喜欢矫饰的尊贵胜于真正的尊贵，矫饰的尊贵在表面上表现某种谦恭而带有傲气。但是，矫饰是朝臣高贵的泉源，朝臣越离开矫饰，便越要在不知不觉间失掉他的高贵。

在朝廷里，各种东西的风味都很讲究。这是由于长期习惯于从巨富而来的浮华；由于逸乐的多样性，尤其是由于对逸乐的烦腻；又由于幻想、嗜癖的纷繁，甚至混乱。一切幻想、嗜癖，只要合意，便老是被欢迎的。

这些东西都是教育的目标，教育就是要培养所谓文质彬彬的君子，也就是具有这种政体所要求的一切特质与一切品德的人。

在那里，无处不为荣誉所浸渍，它渗入到人们各式各样的想法和感觉中，甚至于指导人们的原则。

这个奇怪的荣誉便按照它的意思规定了什么是品德。它所命令要我们做的一切事情，都是按照它自己的意思设立了种种规则。它按照自己的癖好扩大或限制我们的义务，不管这些义务是渊源于宗教、政治或道德。

在君主国里，法律、宗教和荣誉所训示的，莫过于对君主意志的服从。但是这个荣誉告谕我们，君主绝不应该命令我们做不荣誉的事，因为这种行为将使我们不能够为君主服务。

克里扬①拒绝暗杀基司公爵，但是向亨利三世提出愿和基司公爵决斗。在圣巴多罗买节的屠杀之后，查理九世曾命令全国的督军屠杀新教徒。巴雍纳的司令多尔得伯爵上书国王说②："陛下：我在居民和士兵中所看到的都是善良的公民，勇敢的士兵，没有一个是刽子手。因此，他们和我请求陛下把我们的手臂和生命用到有用的事业上。"这位伟大而仁慈的勇士认为卑鄙的事是绝对做不出来的。

荣誉所要求于贵族的，莫过于为君主作战。实在说，这是贵族们优越的职业。因为从事这种职业，无论碰到危险、成功甚至厄运，都可以获致显贵。但是荣誉，既给贵族规定了这项义务，这项义务的执行便要以荣誉为判断的准则，如果有人损害了荣誉，荣誉便要求他或准许他引退。

荣誉并且主张我们可以自由寻求或拒绝一种职业。从荣誉来看，这种自由比财富还贵重。

所以荣誉是有它自己的最高规律的；教育不得不适应这些规

---

① 原文 Crillon，甲乙本作 Grillon。
② 见多比聂：《历史》。

律①。主要的规律是：

第一，荣誉完全准许我们重视我们的财富，但是绝对不许我们重视我们的生命 34。

第二，当我们一旦获得某种地位的时候，任何事情，倘使足以使我们显得同那种地位不相称的话，我们就不应该做，也不应该容忍别人去做。

第三，法律所不禁止而为荣誉所禁止的东西，则其禁止更为严格；法律所不要求而为荣誉所要求的东西，则其要求更为坚决。

第三节 专制政体的教育

君主国家的教育所努力的是提高人们的心志，而专制国家的教育所寻求的是降低人们的心志。专制国家的教育就必须是奴隶性的了。甚至对于处在指挥地位的人们，奴隶性的教育也是有好处的，因为在那里没有当暴君而同时不当奴隶的。

绝对的服从，就意味着服从者是愚蠢的，甚至连发命令的人也是愚蠢的，因为他无须思想、怀疑或推理，他只要表示一下自己的意愿就够了。

在专制的国家里，每一个家庭就是一个个别的帝国。那里的教育主要是教人怎样相处，所以范围是很窄狭的；它只是把恐怖置于人们的心里，把一些极简单的宗教原则的知识置于人们的精神里而已。在那里，知识招致危险，竞争足以惹祸；至于品德，亚里士多德不相信

---

① 这里说的是事实如此，而不是应该如此，因为所谓荣誉不过是一种成见，宗教有时企图消灭它，有时企图限制它。

有什么品德是属于奴隶的[①]。这就使这种政体的教育范围极为狭窄。

因此,在这种国家里,教育从某些方面来说,是等于零的。它不能不先剥夺人们的一切,然后再给人们一点点的东西;不能不先由培养坏臣民开始,以便培养好奴隶。

啊!专制国家的教育怎有可能致力于培养一个同公众共疾苦的好公民呢?这样的公民如果是爱他的国家的话,便要企图解放政府的动力。这种企图如果失败的话,他自己便完了。如果成功的话,他便有使自己连同他的君主和帝国同归于尽的危险。

第四节 古今教育效果的差异

古代多数的人民生活于以品德为原则的政府之下;当品德还具有力量的时候,人们做了一些我们今天再也看不见的事情。那些事情使我们藐小的心灵感到惊骇。

古人的教育还有一点优于现今的教育,就是他们的教育从没有被人否认过。爱巴米农达斯在晚年时所说、所听、所见、所做的事情和他幼年开始受教育时并无差别。

今天我们所受的是三种不同或矛盾的教育,即父亲的教育、师长的教育和社会的教育。社会教育对我们所说的,把父亲和师长所教育的思想全部推翻。这多少是由于我们今天的宗教义务和社会义务截然不同,这种事情古人是不晓得的。

[①] 《政治学》,第 1 卷,第 3 章。

第五节　共和政体的教育

共和政体是需要教育的全部力量的。专制政体的恐怖是自然而然从威吓和惩罚产生出来的。君主政体的荣誉，受着感情的激励，同时也激励着感情。但是政治的①品德是舍弃自己——这永远是很苦痛的一件事。

我们可以给这种品德下一个定义，就是热爱法律与祖国[35]。这种爱要求人们不断地把公共的利益置于个人利益之上；它是一切私人的品德的根源。私人的品德不过是以公共利益为重而已。

这种爱是民主国家所特有的。只有民主国家，政府才由每个公民负责。政府和世界的万物一样：要保存它，就要爱它。

从来没听说过国王不爱君主政体，也没听说过暴君憎恨专制政体。

因此，一切的关键就在于在共和国里建立对法律与国家的爱。教育应该注意的就是激发这种爱。但是要使儿童有这种爱，有一个妥善的方法，就是做父亲的先要有这种爱。

通常父亲就是老师，把知识传给儿童；但是他更是把感情传给儿童的老师！

假如这个方法没有成功，就是因为在家庭所获得的教育受到了外界思想影响的破坏。

变坏的绝不是新生的一代，只有在年长的人已经腐化之后，他们才会败坏下去。

---

① 甲乙两本无"政治的"字样。

第六节　希腊的一些制度

古希腊的人，深信在平民政治下生活的人民必须培养品德，所以设立一些奇特的制度，加以鼓励。当我们在莱喀古士的传记里看到他为拉栖代孟人所制定的法律时，我们便仿佛是在读西瓦楠布人的历史[36]。克里特的法律是拉栖代孟法律的蓝本。柏拉图的法律不过是它的改订而已。

我请求人们略略注意一下：这些立法者的天才应该是如何的广阔；他们看到，他们冒犯了人们所接受的旧习俗，把一切品德混合起来，便可以向全世界显示他们的智慧。莱喀古士把偷窃和公道的精神混合起来，把最苦的奴役和极端的自由混合起来，把最残酷的感情和最大的宽和混合起来，这样便使他的城市获得了巩固。他似乎剥夺了这个城市一切的财富、艺术、商业、金钱和围墙；国民有野心，但是没有致富的希望，他们有天然的感情，但是没有所谓儿子、丈夫和父亲；甚至连节操也被剥夺了。斯巴达就是通过这些道路获致强盛与显赫的。这些制度是无往不胜的。所以同这个共和国打仗，如果不能推翻它的体制的话，就是打胜仗也是毫无所得的[①]。

克里特和拉科尼亚都实施这种法律。拉栖代孟是最后被马其顿人吞并的，克里特[②]是最后亡于罗马人的。撒姆尼特人施行同样的制度，

---

① 腓罗贝门强制拉栖代孟人放弃养育子女的方法。他很知道如果不这样做，他们将老是有雄伟的志气和高傲的心思的。普卢塔克：《腓罗贝门传》。见狄特·李维：《罗马编年史》，第38卷。
② 克里特保卫它的法律与自由达三年之久。见佛洛露斯：《历史概要》，狄特·李维：《罗马编年史》第98、99、100卷。它比那些伟大帝王们进行了更多的抵抗。

罗马人打了二十四个胜仗才把它消灭①。

希腊法制上所看到的这种奇特的民族性格,在我们时代的渣滓与腐败之中也出现过②。一个贤明的立法者曾经培养了一国的人民;他们把正直看做是当然的事,如同斯巴达人把勇敢看做是当然的事一样。贝恩先生[37]是一位真正的莱喀古士。虽然贝恩以和平为目的,而莱喀古士则以战争为目的;但是在使人民过着奇特的生活方面,在就自由人中树立自己的优势方面,在战胜偏见方面,在克制感情方面,二人是相类似的。

在巴拉圭,我们可以看到另一个例子。宣教会[38]认为指挥命令的快乐,是人生唯一的幸福。曾经有人把这点看做是该会的一种罪恶。不过,治理民众而能给民众增加快乐的话,将永远是一件体面的事情③!

耶稣会最先在那些地区示范,把宗教与人道结合起来,这是该会的光荣。对那些受到过西班牙人摧残的地区,耶稣会予以恢复,就这样开始医治了人类所曾受的一项最大的创伤。

耶稣会对它所谓荣誉的一切东西,怀着美好的感情,对它的宗教抱着热诚。这个宗教的信徒的地位卑微,远不如传教的人。这种感情和这种热诚使该会能够从事伟大的事业,并且获得了成功。它把散居在丛林中的人民吸引出来给他们安稳的生计,让他们穿上了衣服。这样,只要它曾经增加了人类的劳动的话,它的功绩就算是很大的了[39]。

---

① 佛洛露斯:《历史概要》,第1卷,第16章。
② 西塞罗:《致阿蒂库斯书简》1,《罗慕露斯的渣滓》。
③ 巴拉圭的印第安人不依靠个别的神贵,只纳五分之一的贡税,并且有火器自卫。

如果有人企图建立同样的法制,他们便应先建立像柏拉图的《共和国》里所描写的那种财产共有制的社会。建立他所要求的对神明的尊敬;与异邦人隔绝,以保存自己的风俗;由城市政府进行贸易,公民则不做买卖;他们有我们的工艺而没有我们的奢华,有和我们相同的需要而没有我们的嗜欲。

他们还应该废除金钱。因为金钱的效果使人的财富日益庞大,超越自然所规定的界限;使人学会毫无用处地保存那些无谓地积聚起来的东西;使人的嗜欲无穷尽地滋生。自然本来给我们很有限的手段去刺激情欲,去互相腐化,但是钱财却增补了自然在这方面的不足。

"爱比淡尼安人感觉到他们的风俗由于同野蛮人的往来而逐渐败坏,便选举一位专职官吏,代表城市并只为城市进行一切贸易。"① 因此,贸易不能败坏政制,而政制也不能剥夺社会由贸易而获取的利益。

第七节 这些奇特的法制适合什么地方呢

这种制度对于共和国可能是适宜的,因为共和国的原则是政治的品德②。但在君主国家为了策励荣誉,在专制国家为了唤起恐怖,就不需要费这些心思了。

这些奇特的法制只能施行于小国③。国小可以进行普遍的教育,把全体人民都培养起来,像培养一家的子弟一样。

米诺斯、莱喀古士和柏拉图的法律,需要全体公民彼此之间特别

---

① 普卢塔克:《有关希腊的问题》,第29章。
② 甲乙两本无"政治的"字样。
③ 犹如从前希腊的城市。

互相注意。一个大国,事务错综复杂、种类繁多,就不可能有这种注意了。

上面说到,这些法制应该排斥金钱。但是在大的社会里,由于事务之多、种类之繁,它的困难和重要性,以及购买的便利,交换的迟缓,就需要有一个共同的衡量标准。如果要使这个衡量标准在各地有权威,或是在各地受到拥护,就应该有各地方的人都承认为有权威的东西。

第八节 为古人关于风俗的一个似是而非的说法进一解

波利比乌斯,明哲的波利比乌斯,告诉我们[40]:亚加底人居住在空气凄怆寒冷的国家里,所以需要音乐,使他们的风俗趋于柔和;西内特人不注意音乐,所以是一切希腊人中最残忍的人;他们的犯罪之多,没有别的城市可与伦比。柏拉图[41]毫无顾忌地说,要改变音乐就一定要先改变国家的政制。亚里士多德写《政治学》一书的目的似乎只在于用自己的意见去反驳柏拉图的意见,但是关于音乐对风俗的影响力[42]这点上,他和柏拉图的意见是一致的。西奥弗腊斯塔斯、普卢塔克①、斯特拉波②和所有古人的想法都是如此。这些意见不是没有经过深思就发出的;这是他们的政治原则之一。他们就是这样制定法律,就是这样要求人们去治理城市的。

我想我能够解释这件事。我们应该首先了解,在希腊的城市,尤其是在那些以战争为主要目的的城市,一切可以获得金钱的工作与职

---

① 《珀罗必达斯传》。
② 《地志》,第1卷。

业都被认为是一个自由人所不应当做的。色诺芬①说,"大多数的工艺使从事那种工艺的人身体败坏;他们不得不坐在阴暗或是靠近火的地方。无论对于朋友或是对于国家,他们都没有空闲时间。"只是因为一些民主国家腐化了,所以手艺人才得成为自由人。我们从亚里士多德②知道这点。他主张,一个好的共和国绝不应该把城市的权利给手艺人③。

农业在当时还是一种奴隶性的职业,通常是由某些被征服的人民去从事操作的,例如拉栖代孟人使用伊洛底人,克里特人使用珀里埃人,帖撒利亚人使用珀内斯特人,其他共和国使用其他奴隶④。

最后一点:各种低级的商业对于希腊人来说都是不名誉的。商业使一个公民不能不伺候奴隶、房客和外国人。这是同希腊的自由精神相冲突的。因此,柏拉图在他的《法律》⑤里,主张惩罚做买卖的公民。

既然如此,在希腊各共和国里,人们是非常为难的。公民不得经营商业、农业和工艺,但又不许他们闲着⑥,所以他们的职业便是体育与军事操练⑦,他们的法制不容许他们做其他的事情。因此,不能不把希

---

① 《佳言》,第5卷(《经济论》,第4章)。
② 《政治学》,第3卷,第4章。
③ 亚里士多德《政治学》第2卷第7章说,狄欧范梯斯曾经在雅典制定一条法律,规定手艺人为共和国的奴隶。
④ 柏拉图和亚里士多德也要奴隶耕种土地,见《法律》第7卷及《政治学》第7卷第10章。当时并不是一切地方都由奴隶从事农业,这是真的。反之,据亚里士多德说(《政治学》,第6卷,第4章),当时最好的共和国是那些公民从事农业的共和国;不过这是在古代的政府腐化为民主政府之后才有的事,因为最初的希腊城市是贵族政体。
⑤ 第2卷。
⑥ 亚里士多德:《政治学》,第10卷。
⑦ 亚里士多德《政治学》第8卷第3章指出,希腊有锻炼身体的艺术,即体育,以及德兰多的各种格斗。

腊看作是一个运动员与战士的社会。然而，这些训练极容易使人变得冷酷而野蛮①，所以需要用他种能使性情柔和的训练，以资调节。因此，音乐是最适宜的了。它通过身体的感官去影响心灵。身体的锻炼使人冷酷；推理的科学使人孤僻。音乐是二者的折中。我们不能说，音乐激励品德，这是不可想象的；但是它具有防止法制的凶猛性的效果，并使心灵受到一种只有通过音乐的帮助才有可能受到的教育。

假使有一个社会，那里的人热爱狩猎，因而以此为专业，他们无疑将由狩猎养成一定程度的粗暴性格。如果这些人又沾上了音乐的嗜好的话，我们马上就要看到他们在举止上和在性情上已有所不同。总之，希腊人的训练只能养成一种粗暴、愤激、残忍的感情。音乐能刺激所有这些感情，又能够使心灵有温和、怜悯、仁慈和爱情的感觉。我们时代的道德作家激烈反对戏剧，这就足以使我们了解音乐对心灵的影响力。

假使上述社会的人只是打鼓吹号的话，不是比柔和的音乐更难达到目的么？因此，为着陶冶人们的性情，古人在某些情况下，对音乐的形式有所取舍，这是对的。

但是人们要问，为什么偏偏要音乐呢？这是因为在所有感官娱乐之中，音乐是最不会败坏人的心灵的。在普卢塔克的著作②里，我们羞愧地读到，梯柏人为着要使青年的性格趋于柔和，竟由法律规定了一种世界各国都应禁止的爱情。

---

① 亚里士多德说，拉栖代孟人极幼年的时候就开始这些锻炼，因而养成了过于凶悍的性格。见《政治学》，第8卷，第4章。
② 《珀罗必达斯传》，第10章。

第五章　立法应与政体的原则相适应

第一节　本章的主旨

前面已经指出，教育的法律应该要和各种政体的原则相适应。立法者为整个社会所立的法律也应该如此。法律和政体原则的关系加强了政府的一切动力；反过来，政体的原则也因此获得了新的力量。这就像在物理的运动上，动作的后果必然是反应。

我们现在要探讨每种政体的这种关系；首先从以品德为原则的共和国谈起。

第二节　在政治的国家中品德的意义

品德，在共和国里，是很简单的东西。就是爱共和国。它是一种感情；而不是知识的产物。这种感情，即便国内最卑微的人也和最高等的人一样，都能感觉到。人民一旦接受了好的准则，将比所谓正人君子的人们，更能持久地遵守。腐败往往不是由人民开始。人民正因为自己学识平庸所以对已经确立了的东西便更加强烈地依恋。

对祖国的爱导致风俗的纯良，风俗的纯良又导致对祖国的爱。我们越不能使我们的个人的感情获得满足,则我们便越能够为着公众的感情去牺牲自己。为什么修道士会那样热爱他们的宗教呢?宗教使修道士难以忍受的地方,正是修道士所以爱宗教的原因。他们的教规禁止那些满足普通感情的东西,所以只剩下唯一的一种感情去爱那个给他们以痛楚的教规。这个教规越严厉,也就是说,越压制他们的嗜欲,则他们对于教规所残留给他们的感情便越强烈。

第三节　在民主政治之下,爱共和国的意义是什么

在民主政治之下,爱共和国就是爱民主政治;爱民主政治就是爱平等。

爱民主政体也就是爱俭朴。在这里,每一个个人既然都应该有同样的幸福和同样的利益,那么也就应该享受同样的快乐,抱有同样的希望。这种情况,如果没有普遍性的俭朴,是不可能达到的。

在民主政治下,爱平等把人们的野心局限于一种愿望和一种快乐上。这种愿望和快乐就是使自己对国家的服务超过其他公民。民主国的国民对国家的服务,在分量上,不能完全相等,但是他们应该全都以平等的地位为国家服务。人们一出生便对国家负下了很大的一笔债,这笔债是永远还不清的。

所以在民主国里,一切名望也都是由平等的原则产生的,虽然有时候显赫的功绩或优越的才能看来似乎泯灭了平等的原则似的。

爱俭朴限制了占有欲,人人只求家庭之所必需,如有所余,则归给国家。财富产生权力,但是一个国民不能用它为自己服务,如果用它为自己服务,便不能平等了。财富也给人欢乐,但是一个国民不应

享受这些欢乐,因为这些欢乐也同样完全是排斥平等的。

好的民主国,是由树立家庭的俭朴去供应公共的开支的。罗马和雅典就是这样。这些国家的奢侈和铺张浪费正是从节约的资金产生的。法律要求人们有俭朴的风俗,才能有赢余去献给国家。这正像宗教要求人们要有洁净的手,好去贡献祭物给神明。

个人的明慧和快乐主要是因为他们的才干和财产都是中庸的[43]。共和国的法律培养许多中庸的人。它既然有智慧的成员,它的行政也就是智慧的;它既然有快乐的成员,它也将是一个很快乐的国家。

第四节 怎样激励爱平等和爱俭朴

当一个社会把平等和俭朴规定在法律里的时候,平等和俭朴本身就能够大大地激起对平等和俭朴的爱。

在君主和专制的国家里,没有人渴慕平等。平等的观念根本就不进入人们的头脑里去。大家都希望出类拔萃。就是出身最卑微的人们也希望脱离他原来的境地,而成为别人的主人。

关于俭朴也是一样。如果爱俭朴,就应当以俭朴为乐。那些被逸乐所腐化的人们是不会喜爱俭朴生活的。如果以俭朴为乐是自然的或是平常的事情,那么,阿尔基比阿地斯就不会为全世界所称羡了。那些羡慕或赞赏别人的奢华的人们,也是不会喜爱俭朴的;那些眼里只看见富人或只看见和自己一样的穷人的人们,则憎恨自己的贫困;他们却不爱俭朴,也不了解所以贫困的原因。

因此,在一个共和国里,如果要让人爱平等和俭朴的话,就应把这二者订入法律。这条准则,是很真实的。

第五节　在民主政治之下，法律应如何建立平等

有些古代的立法者，如莱喀古士和罗慕露斯，规定平分土地。这种办法只能在一个新共和国建立的时候实行。要不然，就应该是因为古老法制业已腐败不堪，所以人们的思想才有了这样一种倾向，就是穷人认为他们不得不要求这样一个补救办法，有钱人则不得不表示同意。

如果立法者采用平分土地而不同时制定法律给予支持，那么，他所建立的政制，不久便要消逝。在法律没有预防的地方，不平等便会乘隙而入，而共和国也就完了。

因此，如果要保持平等的话，关于妇女的妆奁；关于赠予、继承、遗嘱，以及其他一切契约的方式等等，就要订立规章。因为如果我们对自己的财产能够任意给谁，任意处分的话，那么私人的意志便要扰乱基本法律的秩序。

梭伦准许雅典人在没有后嗣的时候，得以遗嘱将财产留给他们所中意的人[1]，这是和古代的法律相违背的。依照古代的法律[2]，财产必须留给立遗嘱人的家族。梭伦的这个做法甚至也和他自己所定的法律相违背，因为他曾经用取消债务的办法来求取平等。

禁止一个人继承两个人的遗产[3]的法律，对民主政治是一条好法律。这条法律渊源于公民土地及分配财产的均分制。法律不许一个人占好几份。

---

[1] 普卢塔克：《梭伦传》。
[2] 同上。
[3] 哥林多腓老斯在雅典〔应为：梯柏〕制定了一条法律，规定土地份额和遗产的数目应该永远相同。亚里士多德：《政治学》，第2卷，第12章。

规定女子为继承人时必须与最近戚属结婚的法律,也来自同一渊源。犹太人在采用同样的分配制度之后,也有了这条法律。柏拉图①的法律也是建立在这个分法之上的,所以也有同样的规定。在他以前,雅典曾经有这条法律。

雅典有一项法律我不知有什么人曾经了解它的精神。该项法律准许和同父异母的姊妹结婚,但不许和同母异父的姊妹结婚②。这个习惯是渊源于共和国的,因为共和国的精神不许可一个人获得两份土地,因此也不许他承受两个人的遗产。一个人和同父异母的姊妹结婚,只能获得一份遗产,就是他的父亲的遗产;但是如果他和同母异父的姊妹结婚的话,就有可能因为该姊妹的父亲没有男嗣而把财产留给她,结果和她结婚的兄弟便获得两个人的财产了。

菲洛③说,虽然雅典人得娶同父异母的姊妹,不得娶同母异父的姊妹,但是拉栖代孟人则只准娶同母异父的姊妹,而不许娶同父异母的姊妹。对此殊可不必置辩。因为我在斯特拉波的著作④里看到,在拉栖代孟一个女子和她的兄弟结婚时则用该兄弟继承财产中的一半作妆奁。显然,制定这项法律的目的是要防止前项法律的恶果。他们把该兄弟财产的一半给姊妹作妆奁,这是要防止姊妹家庭的财产移转到兄弟的家庭去。

---

① 柏拉图:《共和国》,第8卷。
② 哥尼利乌斯·尼波斯在《序言》里说:"雅典名人西蒙娶他的亲妹为妻,不算乱伦无耻,因为当地居民有这个习惯,但是按照我们的风俗是不许可的。"这个习惯是很古的。亚伯拉罕在提到撒拉时说:"她是我的妹子;她与我是同父异母"(《创世记》,第20章)。过去各不同民族制定同样的法律时,也是根据同样的理由。
③ 菲洛:《关于十诫的特殊法律》。
④ 《地志》,第10卷。

塞内加在谈到西拉奴斯和他的姊妹结婚的时候说，这种许可，在雅典是有限制的，但在亚历山大里亚是普遍的①44。在一君统治的政体里，几乎是没有什么财产分配的问题的。

有一种法律是民主政治下保持这种土地分配的好办法。这种法律规定，有几个子女的父亲应选择其中一人继承他的财产②，其余的子女则给无子女的人们做养子女。这样，国民的数目就老是可以和分配财产的数目维持均衡。

卡尔西敦人法列阿斯③为财富极不均的共和国想象出一个平均财富的方法。就是：富人必须出嫁资，但是不得接受嫁资。穷人嫁女儿时要接受聘金而不给嫁资。但是我不知道曾经有哪个共和国实行过这种法规。这种法律，把国民的生活状况作出显著的区别来，以致国民反而憎恶法律所欲建立的平等。有的时候法律对于它所打算达到的目的，所走的道路还是不要显得太直接才好。

虽然在民主政治之下，真正的平等是国家的灵魂，但是要建立真正的平等却很困难，所以在这方面，要达到百分之百准确，不一定总是合适。建立一个人口分级制④就够了。这个制度在一定程度上把生活的差别减少或加以规定，然后用特别法征收富人的税，减轻穷人的负担，这样仿佛把不平等给平等化了。只有中等富裕的人才能给予或容忍这类的补偿。因为巨富的人，对于一切不能给他们权力和荣誉的

---

① 塞内加《格老狄乌斯的死》中载有"雅典许可一半，亚历山大里亚则完全许可"。
② 柏拉图也拟定一项类似的法律，见《法律》，第3卷。
③ 亚里士多德：《政治学》，第2卷，第7章。
④ 梭伦把人口分四级：五谷或水果的收入达五百米那的人为第一级；收入达三百米那又有能力养一匹马的人为第二级；收入达二百米那的人为第三级；一切靠体力劳动生活的人为第四级。见普卢塔克，《梭伦传》。

东西，都看做是一种侮辱。

民主政治中的一切不平等都应当以这种政治的性质为依据，甚或以平等的原则为依据。例如，人们可能害怕那些需要经常不断地劳动才能生活的人由于担任公职而更加困穷起来；或是害怕这些人疏忽公职上的责任；人们可能害怕手艺人骄傲起来；害怕被释放的奴隶太多，势力超过原有的公民。在这种情形之下，为着民主政治的利益，民主政治公民间的平等是可以取消的①。不过，这里所取消的只是表面上的平等而已，因为一个任公职而致倾家荡产的人，他的情形将比其他同胞们更坏；当他不得不疏忽他的责任的时候，其他的公民便将因此陷入比他还糟的境地。

第六节　在民主政治之下，法律应如何培养俭朴

在一个良好的民主国家里，只把土地平均分配是不够的。应该像罗马人一样，把土地分得很小。古利乌斯告诉他的士兵们说②："一个公民对一块足以养活一个人的土地绝不会认为太小。"

财富的平等保持着俭朴；而俭朴保持着财富的平等。二者虽然不同，但是性质如此，因而不能分别存在。它们互为因果；要是民主政治失掉了其中的一个，则其他的一个也必跟着消失。

如果一个民主国家是以经营贸易为基础的话，那么就会真有这样的可能，个人有巨大财富而风俗并不变坏，这是因为贸易的精神自然地带着俭朴、节约、节制、勤劳、谨慎、安分、秩序和纪律的精神。

---

① 梭伦不使第四级人任公职。
② 对征服的土地，士兵们要求更大的份额。普卢塔克：《道德著述：古代君王将相传略》。

这种精神存在一天，它所获致的财富就一天不会产生坏的效果。当过多的财富破坏了这个贸易精神的时候，害处便来了；一向没人感觉到的不平等的纷乱，便产生出来，并立即为人们所看到。

要维持这种精神，就应该由重要的公民亲身经营贸易，应该使这个精神占统治地位，不受他种精神的阻碍；并应该由全部法律加以维护。这些法律应该随着贸易的增加，进行财富的分配，使每一个贫穷的公民获得相当宽裕的生活，可以和别人同样地工作。这些法律又应该使每个有钱的公民的生活维持中等水平，使他不能不用劳动去保持或取得财富。

在经营贸易的共和国里，继承时把父亲的产业平均分给所有的子女，是极好的法律。结果，无论父亲曾有多大财富，他的子女都不能像他那样富有，因此便不得不避免奢侈，像他们的父亲一样地工作。我这里谈的只是经营贸易的共和国，因为那些非经商的共和国，立法者是要制定许多不同的法规的[①]。

希腊有两种共和国，一种是黩武的，如拉栖代孟；一种是经商的，如雅典。前一种共和国要公民过闲散的生活，后一种共和国则想法去激发对劳动的喜爱。梭伦把游闲当做一种犯罪，并且让每一个公民说明他是用什么方式谋生的。诚然，在一个好的民主国里，每个人都应该得到生活的必需品；每个人的花费应该以生活必需品为限，因为如果不是这样，他们的必需品将从哪里来呢？

---

① 这些法规对妇女的嫁资应多加限制。

第七节　维护民主原则的其他方法

不是一切民主国家都能够建立土地平分制度。在某些情况之下，这类办法是不合实际的、危险的，甚至将震撼政制。我们不是老是非走极端的道路不可。一个民主国所以要平分土地，原是为了保存民风；如果人们看到这办法已经不适合于这个民主国的时候，便应当采用其他方法。

如果要设立一个固定性的团体作为风俗的典范的话，元老院是一个办法。要有年龄、品德、勋绩而庄重的人才能够进元老院。元老们在公众面前就像神明的塑像一样，能够激励人们的道德感情，这种感情将深深地影响到每一个家庭。

这个元老院尤其应当保守旧时的法制，并注意使人民和官吏永不叛离这些法制。

关于风俗，保存旧习惯是很有好处的。腐化的人民是不易做出伟大的事业的；他们几乎未曾建立过会社、建造过城池、制定过法律。反之，多数建设是由风俗朴素、谨严的人民做出来的。所以应当使人们记起古时的箴规训则，这通常就是把他们重新引回到品德的道路上。

除此而外，一个国家的革命和新政体的建立，只有通过无数的困苦与艰难，才能成功，而很少是游闲的、风俗腐化的人民所能做到的。那些进行革命的人们虽曾愿意人民能够享受革命的幸福，但是如果没有良好的法律，这种愿望也是很难实现的。在这种场合，古时的法制通常就可以起矫正作用，新的法制则常常引起弊端，一个政府在漫长的岁月中走向腐化就像走下坡路一样，是在不知不觉中走下去的；如果要恢复良好的政治，那就非付出巨大的努力不可。

有人问，我们所说的元老院的元老们的任期应该是终身的或是有期限的。无疑，应该是终身的；罗马①、拉栖代孟②，甚至连雅典，都是如此。我们不应该把雅典的元老院和最高裁判所混为一谈。前者是一个三个月更换一次的机关，后者的成员是任期终身的，是永久的典范。

因此，一般的准则应该是：如果设立元老院的目的是为了做国民的典范，仿佛就是风俗的宝库的话，那么，它的成员的任期就应该是终身的；如果设立元老院的目的是为了处理事务的话，它的成员便无妨更易。

亚里士多德[45]说，精神像躯体一样也会衰老。这种想法只对于一个官吏个人来说是对的，至于对一个元老的议会，是不能适用的。

在雅典，除了最高裁判所而外，还有风俗保卫员和法律保卫员③。在拉栖代孟，所有的老人都是监察员。在罗马，监察工作由两个特设的官吏担任。元老院监督人民，所以监察员应该既监督人民又监督元老院。监察员的职务是重建共和国内一切被腐化了的东西，警告游惰，谴责疏忽，纠正错误。至于犯罪则依法惩处。

罗马的法律规定，对奸淫的控告应当是公开的[46]，目的在于保持风俗的纯洁，用意至善。这使妇女有所畏惧，也使对她们应当实行监督的人有所畏惧。

年轻的人极端服从年老的人，是维持风俗最好的方法。这样，双方都受到约束：年轻人为着要尊重老人，而老人为着要尊重自己。

---

① 罗马官吏任期一年，元老任期终身。
② 色诺芬在所著《拉栖代孟共和国》第10章第1、2节内说，莱喀古士规定"元老院的成员应由老年人中选出；这样，老年人虽然到了晚年，也不会玩忽自己的职责；他让老年人充任青年人智勇的裁判；这样，他就使老年人的高龄显得比青年人的精力充沛，更为尊荣"。
③ 最高裁判所本身也要受监察。

公民极端服从官吏，是使法律具有力量的最好的方法。色诺芬[①]说："莱喀古士使拉栖代孟和其他城市大不相同的地方，就是他特别要拉栖代孟的公民服从法律；官吏一叫，他们便跑向前去。可是在雅典，如果有人认为富人们是依附于官吏的话，富人们便将感到苦恼。"

父权对于保存风俗也有很大的作用。我们已经说过，在共和国里，是没有在其他政体下所见到的那种强制权力的。因此，法律必须寻求其他权力，以资弥补。用来弥补的，就是父权。

在罗马，父亲对于子女有生杀之权[②]。在拉栖代孟，每一个父亲都可以教训别人的儿女。

罗马共和国灭亡后，父亲的权力也跟着消失。君主国并不需要怎样纯洁的风俗，它所要求的只是每个人都生活在官吏权威之下。

罗马的法律使青年养成服从的习惯，把未成年期规定得很长。我们沿袭罗马旧法，也许是错误的。君主国并不需要这样多的约束。

共和国的这种服从，可能要求父亲一生都要有管理子女的财产的全权；罗马以前就是这样规定的。不过，这不是君主政体的精神。

第八节　在贵族政治之下，法律应如何与政体的原则相适应

在贵族政治之下，如果人民是有品德的话，人民所享受的幸福便将和平民政治差不多，国家也将强盛起来。但是在贵族政治之下，人

[①] 《拉栖代孟共和国》，第8章。
[②] 从罗马的历史，我们可以看到，这个权力的行使对共和国是如何有利。我下面说的仅仅是它最腐化的时期。奥露斯·富尔维乌斯已启程去找卡蒂林，他的父亲把他召回处死。见撒路斯特：《卡蒂林战役》，第39章。还有其他一些公民也有同样的行为。见狄欧：《罗马史》，第37卷，第36章。

们的财富是很不平等的,所以不常看见有多大品德;因此,法律应该尽可能地鼓励宽和的精神,并努力恢复国家在体制上所必然会失去的平等。

宽和的精神在贵族政治下就叫做品德;它的地位就像平等的精神在平民政治中的地位一样。

如果说,环绕着君王们的显赫与豪华就是君王们权力的组成部分的话,那么贵族们仪表上的谦逊与朴实就是贵族们的力量了[①]。当他们不矫饰任何高贵的样子时,当他们同平民混在一起时,当他们同平民穿相似的衣裳时,当他们让平民共同享受他们一切的快乐时,平民便会忘记自己的贫弱。

每一种政体都有它的性质和原则。所以一个贵族国家就不应该有君主国家的性质和原则。如果贵族们的个人私有特权高于贵族团体的特权的话,那就是君主政体了。元老院应该有特权,元老们则仅仅受到尊敬而已。

贵族政治的国家有两个主要的致乱之源,一个是治者与被治者之间存在着过度的不平等,一个是统治团体成员之间也有同样的不平等。这两种不平等产生怨恨和嫉妒。这二者都是法律应该预防或压制的。

第一种不平等的主要情况是:显要人物的特权的光荣恰恰就是平民的耻辱。罗马禁止贵族和平民结婚的法律[②]就是这样。这项法律唯一的效果就是使贵族更为骄傲,更为可厌。人们应该看看,护民官在

[①] 今天的威尼斯人,从许多方面来看,他们的行为都是很有智慧的。曾经有一个威尼斯贵族同一个"陆地"的公民为了争教堂中的位次而发生了纠纷。他们的裁判指出,一个威尼斯的贵族在威尼斯境外不比其他公民的地位优越。
[②] 罗马的十大官们把这项法律放在最后的两个铜表法内。见狄欧尼西乌斯·哈利卡尔拿苏斯:《罗马古代史》,第10卷。

他们的演说中是怎样从这里获取有利材料的。

这种不平等的另外一种情况是：公民纳税的条件和贵族不同。有四种不同的情形：（一）贵族有不纳税的特权；（二）贵族用诈欺手段逃避纳税[①]；（三）贵族以担任职务的报酬或薪俸名义为借口侵占公款；（四）贵族把平民变成自己的附庸，而分享他们向平民所征收的贡税。最后一种情况是不常有的；有这种情况的贵族政府是一切政府中最残酷的。

当罗马倾向于贵族政体的时候，它很好地避免了这些弊端。官吏们从来不从他们的官职上领受薪俸。共和国内的主要人物和别人一样地纳税；他们甚至比别人纳更多的税；而且有时候就只有他们才纳税。末了一点：他们不但不分享国库的收入，反而把他们所能够从国库取得的一切钱财，把幸运所恩赐给他们的一切财富，全都分散给平民，这样使人们原谅他们所享有的荣誉[②]。

分散钱财给人民，这在民主政治是有害的，但在贵族政治却是有益的。这是一条基本准则。前者使人民丧失公民的精神，后者使人们恢复公民的精神。

如果不把国库的收入分散给人民的话，就应该让人民知道这些收入的管理是很好的。把这些财富让人民看一看就多少等于让人民享受了。威尼斯陈列的那条金链子，历次凯旋式在罗马展览的宝物，在农神庙保藏的财宝，实际上就是人民的财富。

在贵族政治之下，特别重要的一点，就是贵族不征赋税。罗马的第一等贵族，从不与闻税务。征税的事交由第二等贵族去办理，即使

[①] 今天一些贵族国家就是这样。这是最足以使国家衰弱的。
[②] 见斯特拉波：《地志》，第14卷，这里叙述了罗得人在这方面是怎样做法的。

这样，日子久了也会发生巨大的不便。在贵族国家里，如果由贵族征税的话，一切个人都要受税收人员随意摆布，也没有高级的法庭去加以纠正，负责革除流弊的人员，反而愿意享受流弊中的好处。贵族们便要像专制国家的亲王们一样，随意没收人们的财产。

这样取得的利益，不久便将被看做世袭财产；贪婪将随时扩大这种财产的数额。征税将要降低，国库的收入将等于零。有一些国家并没有受到任何显著的打击，却因为这个缘故而衰微下去，不但邻国骇异，就连自己的公民也莫名其妙。

法律也应该禁止贵族经营商业。因为这种有资财的商人，将会垄断一切贸易。贸易是一些平等的人们之间的职业。所以专制国家中最不幸的，就是那些君主自己从事买卖的国家。

威尼斯的法律①禁止贵族做买卖，因为如果贵族做买卖，即使是很诚实的话，也可能获得过分的财富。

法律应该使用最有效的手段，使贵族以公道对待人民。如果法律尚未建立护民官的话，法律自己就应该是护民官。

对犯罪行为进行各种庇护，以致连法律也不能执行，这就使贵族政治趋于毁灭，而接近了暴政的边缘。

法律应该时时压制权势上的骄横，应该设立一个临时的或永久性的职官，去威慑贵族，如拉栖代孟的民选长官和威尼斯的国家检查官。这种官吏不受任何程序上的拘束。这种政治需要很猛烈的"动力"。在威尼斯设置了一个石嘴兽[47]，张着嘴接受一切告密人的告密②。你也

---

① 阿末洛·德·拉·乌西：《威尼斯政府》，第3卷。格老狄乌斯法禁止元老院的元老们在海上拥有任何四十梅衣以上的船只。狄特·李维：《罗马编年史》，第21卷，第63章。
② 告密人投书嘴内。

许会说，这就是暴政的嘴。

贵族政治的这种专制的官职同民主政治的监察官职有些类似。在性质上，民主政治的监察官也一样是独立的。诚然，在监察官任职期间，对他们的行为不应该追究；对他们应该信任，绝不要挫折他们的勇气。罗马人是值得钦佩的；一切官吏[①]都要对自己的行为负责，只有监察官是例外[②]。

贵族政治有两件很坏的事情，就是贵族太穷，或太富。要防止他们的贫穷，特别要紧的就是要他们及时偿还债务。至于节制他们的财富，就需要制定明智的、缓和的规章。但是不要没收财产，不要采用分田的法律，不要取消债务。因为这些做法会产生无穷的祸害。

法律应该废除贵族的长子继承权[③]，目的是把贵族的遗产不断地分割，使贵族的财富总是停留在一个水平上。

应该完全废弃"立承嗣""遗产赎回权""贵族财产的世袭"和"收养义子"这些东西。君主国家用来使家族的显耀绵延不绝的一切方略，贵族国家是绝不可采用的[④]。

在法律使家族平等化了之后，它的任务便是保持家族间的团结。贵族间的纠纷应当迅速加以解决，否则个人间的纠纷将会变成家族间的纠纷。公断能够解决争讼，或是防止争讼的发生。

最后，有些家族从虚荣心出发，主张本家族比其他家族更尊贵或

[①] 参看狄特·李维：《罗马编年史》，第69卷。一个监察官甚至不得搅扰另一个监察官。每一个监察官做自己的记录，不必管他的同事的意见如何，否则监察工作就等于被推翻了。
[②] 雅典的计政官让所有的官吏都要汇报工作，但自己则对谁也不做报告。
[③] 威尼斯就是如此。阿末洛·德·拉·乌西：《威尼斯政府》，第80—31页。
[④] 一些贵族国家立法的目的，与其说是为了维持他们的国家，毋宁说是为了维特所谓"贵族性"。

年代更古老,以显耀自己。这种主张,不应受到法律的维护,它应该被看做是个人的弱点。

我们只需看一看拉栖代孟就够了。我们将看到,民选长官们是如何善于抑制君主、贵族和平民的弱点的。

第九节 在君主政体之下,法律应如何与原则相适应

荣誉既然是君主政体的原则,那么法律就应该和这个原则相适应。

法律应该努力支持贵族。荣誉可以说就是贵族的产儿,又是贵族的生父。

法律应使贵族世袭,但这并不是把贵族当作君主的权力和人民的软弱之间的疆界,而是当作二者之间的连锁。

立承嗣以保存宗族的产业,这对君主政体是很有用处的,虽然它对于其他政体并不适宜。

遗产赎回权[48]也是有用处的,它使贵族家庭由于亲长的浪费而致丧失的土地得以恢复。

贵族的土地应该和贵族本人同样享有特权。一个君主的尊严和他的国土的尊严是分不开的;一个贵族的尊严和他的采地的尊严也是分不开的。

这一切特权应该是贵族特有的东西,是不得传递到人民手里的,除非是我们有意违背政体的原则,并减少贵族和人民的力量。

立承嗣会阻碍贸易;遗产赎回权会产生无数的争讼。在王国内所出卖的一切地产,至少在一年的期限内,所有权人不能确定[49]。附着于采地的特权,产生一种权力,这种权力对容许这些特权的政府是非

常麻烦的负担。这些就是由有贵族而产生的特殊的不便。不过这些不便,同贵族一般的作用相比较,便无所谓了。但是如果把这些特权传递给人民的话,那么,政体的一切原则就都毫无用处地被破坏了。

君主国可以准许一个人把他绝大部分财产留给她的子女中的一人。这种许可只有在君主国是适宜的。

法律应该维护同君主政体的政制相符合的一切贸易①,这样人民才能够满足君主和他的朝廷无厌的欲求,而免于使自己毁灭。

法律在征收租税的方式上应建立一定的秩序,以免手续比租税本身还要烦琐。

征税繁重首先使人民愈益劳苦;劳苦产生疲倦;疲倦产生怠惰的心情。

第十节　君主政体施政的敏捷

君主政体比共和政体有一个显著的优点。事务由单独一个人指挥,执行起来,较为迅速。但是这种迅速就可能流于轻率,所以法律应该让它缓慢一些。法律不但要维护各种政制的性质,同时还要矫正从这种政制的性质可能产生的弊端。

红衣主教李索留②劝告君主国要避免由于准许人们集会结社而发生的麻烦;集会结社将在一切事情上造成困难。如果这个人不是心里有专制主义,就是脑子里有专制主义的思想。

由于朝廷对国家法律的无知,以及朝臣会议的迫促匆忙,所以君

---

① 只准许平民经营商业,参看《商业与商人法》第3条,该法的规定是非常明智的。
② 李索留:《政约》。

主的事务几乎得不到深思熟虑的处理。如果司掌法律的团体能够举步稳当，对君主的事务，又能慎思熟虑，那便是最好的恭顺①。

如果官吏们通过他们的拖延、控诉、恳求等手段，都不能遏止君主即使在品德上的迅速行径，同时君主又仅仅依靠他们的骁勇，对他们凭着无限度的勇气与忠实所做出来的事情，也给以无限度的报酬，——如果这样的话，就是世界上最完美的君主国[50]，又会变成什么样子呢？

第十一节　君主政体的优越性

君主政体比专制政体有一个很大的优点。依照君主政体的性质，在君主之下，有许多阶层，这些阶层是和政制分不开的，所以国家比较长久，政制比较巩固，进行统治的人们，比较安全。

西塞罗②[51]认为罗马设立护民官保全了共和国。他说："诚然，一个没有首领的人民的冲动力是更可怖的。一个首领知道事情就在他身上，所以他会用心思；但是人民在激动的时候，是完全不知道他们是在把自己投进危险里去的。"这种说法可以适用于专制的国家。专制的国家就是有人民而没有护民官。这种说法也可以适用于君主国，君主国的人民在一定方式上是有护民官的[52]。

诚然，我们各处看见，当一个专制国家发生骚乱的时候，人民为

---

① 塔西佗在《史记》第5卷第32章里说："从化外人看来，如果当奴隶的人慢吞吞地干活的话，似乎就应立即实行专政。"
② 西塞罗：《法律》，第3卷，第10章。他说："护民官的权力是太大么？谁能说不太大呢？但是人民的力量更残暴、更强烈得多，就因为有首领才有时显得温和，好像什么力量也没有似的。因为首领慎思熟虑才进行冒险；人民因感情冲动则不知自己所冒的危险。"

感情所激动，往往把事情推向极端。他们所做出的一切纷乱都是极端的。但是在君主国里，事情就常常不会做得过分。首领们为自己着想是有所顾忌的，他们怕被人抛弃；"依附的中间势力"①，不愿意平民太占上风。国内的各阶层完全腐败是不常有的事，君主就依附于这些阶层。谋乱的人既没有意志、也没有希望去颠覆国家，所以他们不能、也不愿推翻君主。

在这种情况之下，明智而有权威的人们便出来了。他们采取温和手段，商议解决的办法，改正弊端，法律重新恢复了效力，受到了人们的遵从。

因此，在我们一切的历史上，都是只有内战而没有革命，但是在专制的国家，却都是只有革命而没有内战。

著述某一些国家内战史的人们，甚或那些煽动这些内战的人们，都能够充分证明，君主可以没有什么疑惧，把权力交给某些阶层的人士，来为自己服务。因为这些人士，就是犯了错误，还是专心致力于法律和义务；他们只能缓和，而不会刺激叛乱者们的激奋和猛烈的情绪②。

红衣主教李索留，也许想到他曾经过于贬抑了国家各阶层的作用，所以他企图以君主和臣子③的美德来维持国家。但是他对他们所要求的东西太多了，所以实际上除了天使而外，是没有人能够像他所要求的那样审慎、聪慧、果断和富有知识。君主政体存在一天，我们恐怕没有荣幸看见他所要求的那种君主和臣子吧！

---

① 见上面第2章第4节第1个注。
② 红衣主教雷兹《回忆录》及其他历史著作。
③ 李索留：《政约》。

065

在良好的政治下生活的人民，总比那些没有规章、没有领袖、在森林里游荡的人民要快乐些。同样，在国家的基本法律下生活的君主，总要比暴君快乐；暴君没有任何东西可以约束他的百姓的心和他自己的心。

第十二节 续前

宽宏大量，在专制的国家里是找不到的。君主自己就没有这种伟大的品质，怎能以此影响别人？在专制君主的地方，是找不到光荣的。

在君主国里，我们看见臣民环拱王座，受到他的光辉的照耀。每个人可以说占据了较大的空间，能够锻炼品德。这些品德所给心灵的，不是独立，而是伟大。

第十三节 专制主义的意义

路易斯安纳的野蛮人要果子的时候，便把树从根柢砍倒，采摘果实[①]。这就是专制政体。

第十四节 法律应如何与专制政体的原则相适应

专制政体的原则是恐怖。但是胆怯、愚昧、沮丧的人民是不需要许多法律的。

---

① 《耶稣会士书简集》，第2辑，第315页。

在专制政体之下，一切事物的运转只取决于两三个概念，所以并不需要什么新的概念。我们训练野兽的时候，要特别注意不改变它的主人，不改变所教的东西和所教的步法。这样，只通过两三个动作，把印象灌入脑子里就够了。

一个幽居在深宫的君主，倘使他一旦离开他那淫逸的地方，便要引起那些幽闭他的一切人们的忧虑。他们不能容忍君主的人身和权力落到别人的手中[53]。因此，君主很少亲身作战，并且几乎不敢通过他的将官进行战争。

这样的一个君主，在宫中没有任何人敢违抗他，已成习惯，当他看到人们向他进行武装抵抗的时候，他是愤怒的。通常，他就被愤怒或报复的情绪所支配。加之，他不懂什么是真正的光荣。所以他所进行的战争便充满着战争自然具有的狂暴，他所遵循的国际法的范围，比其他国家都狭窄。

这样一个君主的缺点是很多的，所以他左右的人们很怕他的天然的愚蠢暴露在阳光之下。他藏在深宫里，没有人知道他的情形。好在专制国家的人民只需要君主的空名去治理他们。

当查理十二世在本达[54]的时候，他听说瑞典的元老院内有些人反对他。他便写信回国说，他要寄一只鞋去进行监督统率。这只鞋将要像一位专制君王一样，进行监督统率。

如果君主成为俘虏，他就被看作死亡，而另外一个君主便登上王座。这个俘虏所订的条约无效；他的继位者将不批准这些条约。诚然，他就是法律，他是国家，又是君主；所以当他已不是君主的时候，他便什么也不是了。如果不把他当作死亡，国家就要灭亡了。

土耳其人所以决定和彼得一世单独缔订和约的主要原因之一是：

俄罗斯人告诉土耳其的宰相，说瑞典已有另一位君主登基了①。

国家的保存只是君主的保存而已，或者毋宁说只是君主所幽居的宫禁的保存而已。不管什么事情，只要不直接威胁这个宫禁或首都，对那些无知、自大、偏见的人们，是不会产生任何印象的。至于事物间的联系，他们是不会探寻、预见，甚至想象到的。政治同它的各种动力和法律，在这种政体之下，必然是有局限性的；政治的治理和民事的治理是一样的简单②。

一切都简化为：使政治、民事的管理和君主家庭的管理相调和，使国家的官吏和君主后宫的官吏相调和。

这样一个国家，如果四面为沙漠所环绕，和它的叫做野蛮的民族相隔离，并能够把自己看做是世界上唯一的国家的时候，那是再好不过的情况了。它不能倚靠军队，所以最好是破坏自己一部分的国土，以资隔离。

专制政体的原则是恐怖；恐怖的目的是平静。但是这种平静不是太平。它只是敌人就要占领的城市的缄默而已。

力量并不在国家，而是在建立国家的军队，所以要防卫国家就必须保有军队；不过军队对于君主是可怕的。那么我们怎样才能使国家的安全和君主人身的安全相调和呢？

请看，俄罗斯的政府以何等的辛勤，企图脱离专制主义。专制主义对于它要比人民沉重得多了。它解散了庞大的队伍[55]，减轻了刑罚，建立了法院，开始传授法律知识，训育人民。但是还有一些特殊因素存在，这些因素也许要再把它拖进它企图逃脱的苦难中去。

---

① 普芬道尔夫：《万国史》续篇，瑞典版，第10章。
② 据沙尔旦说，波斯没有参政院。

在专制的国家里，宗教的影响比什么都大。它是恐怖之上再加恐怖。在伊斯兰教诸帝国里，人民对君主非常尊敬，原因之一就是由于宗教的关系。

宗教纠正了一些土耳其的政制。土耳其的臣民并不以其国家的显耀与强盛而感到光荣；他们和国家的联系是通过宗教的力量和原则的。

如果一个君主宣告自己是一切土地的所有者和一切臣民遗产的继承者的话，那么他的国家便是一切专制国家中最给自己添加烦恼的国家了。农业常常因此而废弛。如果君主又从事买卖的话，则各种工业也都要遭受毁灭。

在这种国家里，什么也不修复，什么也不改进①。盖房子只够居住便罢；不挖濠沟，也不栽树；什么东西都取自大地，但不还给大地任何东西。全都是荒芜的地方，全都是沙漠。

倘使用法律废除土地所有权和财产的继承，你想是不是就能减少大人物们的贪婪和悭吝呢？不能。这种法律反而会刺激这种贪婪和悭吝。大人物们不免要使用千百种的压迫手段，因为他们想，他们所能够据为已有的，只有金和银了；金和银，他们能够掠夺，又能够隐藏。

因此，要防止国家的完全瓦解的话，用一些既成的习惯去节制君主的贪欲，是个好办法。所以土耳其的君主通常只从老百姓的遗产②中抽取百分之三，就认为满足。但是，因为他把绝大部分的土地给了他的军队，自己却有任意处分的权限；因为他在帝国的军官死亡时攫取他们所有的遗产；因为他取得那些死而无嗣的人们的财产的所有权，又因为女子只有用益权；——因为这些缘故，国家大部分财产的占有

---

① 见李果：《奥托曼帝国》，1678年版，第196页。
② 见《拉栖代孟的今昔》论土耳其人的财产继承；又李果：《奥托曼帝国》。

都是不稳定的。

按照班谭[56]的法律，国王取得遗产，甚至连被继承人的妻子儿女及住宅也在内①。老百姓为着要避免这种法律的最残酷的规定，不得不让他们的子女在八岁、九岁、十岁甚至更小的时候就成婚，以免成为父亲的遗产中不幸的一部分。

在没有基本法的国家，王位的继承是不能固定的。君主从自己家族之中或家族之外选择一个王位继承者。即使建立长子继位制也是没有用的；君主总是可以选择一个别人的。王位的继承者有时是由君主自己宣布的，有时是由他的臣子们宣布的，有时是经过内战宣布的。这就是专制国家比君主国家容易瓦解的一个原因。

王室的每一个太子都有被选择为王的同样资格，所以一个太子登基为君，就首先把兄弟们绞死，土耳其就是如此。或者是把兄弟们的眼睛都挖掉，波斯就是如此。或者是使他们变成疯子，莫卧儿就是如此。如果不使用这些预防方法，——例如在摩洛哥，则王位空缺时，可怖的内乱便跟着到来。

按照俄罗斯的宪法②，沙皇可以从皇室或是皇室之外，选择他所中意的继承者。这样的一种继承制度产生了千百次的革命，并使得帝位颠簸不定，这种帝位的不定性可以和该国传位的武断性相比拟。王位继承的顺序是人民应该知道的最重要的事情之一，所以最好要用最显著的事实为依据，例如依据出生和出生先后的一定顺序。这种办法可以杜绝阴谋，压制野心。一个软弱的君主，将不必再为继承问题而

---

① 《创建东印度公司历次航行辑览》，第1卷。秘古的法律比较不那么残忍；如果有子女时，国王只承继其三分之二。见同书，第3卷，第1页。
② 参看俄罗斯的各种不同宪法，尤其是1722年的宪法。

焦虑；临死时人们也不必让他说话了。

王位继承有基本法律规定的时候，便只有一个太子可以继承大统，他的兄弟们无论实际上或表面上都没有权利和他争夺王冠。兄弟们不能假借或利用父亲的私人的意旨。所以国王的兄弟也就不再比其他任何一个臣民更有被逮捕或杀戮的问题了。

但是在专制国家，国王的兄弟是国王的奴隶，又是国王的劲敌，所以为着谨慎起见，就把国王的兄弟幽禁起来，伊斯兰教国家尤其是如此。伊斯兰教国家的宗教认为胜利或成功是上帝的裁判。所以这些国家没有法律上的元首，只有事实上的元首。

在那些太子们都知道如果不当皇帝便要被幽禁或被处死的国家里，篡夺王位的野心所受到的激励远远超过我们欧洲各国家。在我们欧洲的国家里，没有当上国王的太子们都享有一定地位。这个地位即使不能充分地满足他们的野心的话，也大可满足他们的不过分的欲望。

专制国家的君主们时常败坏婚姻制度。他们通常娶了许多妻子，尤其是在世界上专制主义可说已经生了根的那块地方——亚洲。他们子女太多，所以几乎不可能爱护他们，儿子们之间也没有兄弟之爱。

帝王的家庭就像国家一样。它本身太软弱，而它的首领太有权力。它看来庞大，但瞬息间就可能灭亡。阿尔达克塞尔克塞斯①把他所有的儿子全都杀光，因为他们阴谋反对他[57]。五十个儿子都阴谋反对父亲，似乎是不可能的；要是说这个阴谋是因为他拒绝把他的妃子让给他的长子，那更是不可能的。这样想反而比较合理些，就是：这事件是出于东方的后宫的某些阴谋。这些后宫是诈欺、叛逆和奸计在不声不响

---

① 见查士丁尼：《世界史纲》。

中支配着的地方;是黑暗笼罩着的地方;在那里,一个年迈的君主,一天比一天昏庸起来,便是宫中的第一个囚犯。

从上面所说,就好像人类的天性将会不断起来反对专制政体似的。但是虽然人类喜爱自由,憎恶残暴,大多数的人民却还是屈从于专制政体之下,这是容易了解的。要形成一个宽和的政体,就必须联合各种权力,加以规范与调节,并使它们行动起来,就像是给一种权力添加重量,使它能够和另一种权力相抗衡。这是立法上的一个杰作,很少是偶然产生的,也很少是仅凭谨慎思索所能成就的。专制政体正相反。它仿佛是一目了然的。它的各部分都是一模一样的;因为只要有情欲,就可以建立专制政体,所以是谁都会这样做的。

第十五节　续前

气候炎热的地方,通常为专制主义所笼罩。在这种地方,情欲早动而早衰[1],智力成熟得早,浪费财产的危险较少,使自己成名的便利较少;年轻人就关在家里,彼此之间来往较少。他们比欧洲气候下的人结婚得早,所以也就成年得早。土耳其以十五岁为成年[2]。

那里无所谓财产的让与。在一个没有固定财产权的国家,人民依赖自身多于依赖财产。

财产的让与,在政治宽和的国家,自然是许可的[3]。在共和国更是如此,因为它对公民的正直有较大的信任,又因为这种政体激励温

---

[1] 参照本书第14章,论《法律和气候的性质的关系》。
[2] 拉基列第埃尔:《拉栖代孟的古今》,第463页。
[3] 信用破产的和解金也是如此。

仁宽厚；这种政体似乎是每个国民所最喜爱的。

假使罗马共和国的立法者曾经建立了财产的让与制度[①]的话，就不致发生那么多的叛乱和民事纠纷，也就不必经历这些灾祸的危险和补救的困难。

在专制国家，由于人民的贫困与财富的不稳定，自然产生了重利盘剥。每个人的放款所冒的危险越大，他的钱的价值也就越高。因此，这些不幸的国家到处是苦难；一切都被掠夺，甚至告贷的门路也断绝了。

所以在这种国家里，商人不能经营大规模的贸易，他的收入仅仅足以糊口。如果他购进大批货物的话，则购货资金利息上的损失将要多于从货物所可赚得的钱。因此，这种国家是几乎没有贸易法律的。法律被减缩到仅仅剩些警察法规而已。

一个政府，如果没有做不正义的事情的爪牙，便不致成为一个不正义的政府。但要这些爪牙不给自己捞一把是不可能的。因此，在专制的国家里，贪污便是当然的现象。

在这种政体之下，贪污是一种普通的犯罪，所以没收财产是有用处的。没收可以安慰人民。没收得到的钱是很可观的贡税，是君主不可能从凋敝不堪的人民征收得到的。而且，在这些国家里，没有一个家庭是君主乐意保护的。

在政治宽和的国家里，情形是完全不同的。没收会使财产权不稳定，会掠夺无辜的子女；会在应该惩罚一个罪犯的时候摧毁整个家庭。

[①] 这个制度到了茹利安法（"财产的让与"项下）才建立。人们因此可以免除坐监；财产的让与也因此不是可耻的事了。见《法典》，第 2 卷，第 12 章。

在共和国里，剥夺了一个公民必要的物质生活①，便是做了一件坏事，就是破坏平等，平等是共和政体的灵魂。

罗马法律②规定，除了最重大的叛逆罪而外，不得没收财产。仿效这项法律的精神，把没收限制在一定的犯罪上，这当然是很明智的事。布丹③很正确地说过，在地方的习惯规定有夫妻各人的私有财产的国家，没收应当只适用于取得的财产。

第十六节　权力的授予

在专制政体的国家，权力是全部授予了受权力委任的人的。宰相就是专制君主本身；每一个个别的官吏就是宰相本身。在君主政体的国家，权力的行使就比较不那样迅速；君主授予权力，但又加以节制④。他对权力分配的方法是，当他把权力的一部分授予别人时，就必定给自己保留更大的一部分权力。

因此，在君主国里，城市的首长虽由省长管辖，但由君主管辖的地方更多些；军队里个别的军官对将军的服从不能大于对君主的服从。

多数的君主国家都明智地规定，那些指挥权稍稍广泛的人，不得隶属于任何军团，因此，他们要有君主特别的命令才能进行指挥，他们可以被任用，也许不被任用，他们可以说是在役，但也可以说是不在役。

这种情况和专制政体是不相称的。因为，如果没有实际职位的人

---

① 从我看来，雅典共和国似乎太爱没收财产了。
② 关于确定了的"犯人的财产"。见《法典，关于充分的财产，即犯人的财产》。
③ 布丹：《论共和国》，第5卷，第3章。
④ 这样经过节制的权力就"犹如太阳神的光辉正在下落时，总是柔和的"[58]。

仍然有特权和头衔的话,那么国里必将有本身就是尊贵的人。这便和专制政体的性质相违背了。

如果一个城市的长官并不受省长的管辖的话,那么每天都需要一些折中办法使双方能够融洽。这种事情从专制政体来说,是荒谬的。加之,如果这个个别的市长可以抗命的话,省长怎能由他本人来替他的省份负责呢?

在专制政体之下,威权总是反复不定的。最低级的官吏的权威也不比专制君主的权威稳定。在政治宽和的国家里,无论在哪里法律都是明智的,并且是家喻户晓的;所以即使是最小的官吏,也能够有所遵循。但是在专制国家里,法律仅仅是君主的意志而已。即使君主是英明的,官吏们也没法遵从一个他们所不知道的意志!那么官吏当然遵从自己的意志了。

加之,由于法律只是君主的意志,君主只能按照他所懂的东西表示他的意志,结果,便需要有无数的人替君主表示意志,并且同君主一样地表示意志。

最后,由于法律是君主一时的意志,所以那些替他表示意志的人们就必然也是像君主一样,突然地表示意志。

第十七节 礼物

专制的国家有一个习惯,就是无论对哪一位上级都不能不送礼物,就是对君王也不能例外。莫卧儿的皇帝[①],不接受臣民的任何请求,

---

① 《创建东印度公司历次航行辑览》,第1卷,第80页。

如果他们不送礼物的话。这些君主,甚至连他们自己所给人的赏赐,也要受贿赂。

但是这种政体是必然如此的。在这种政体之下,就没有一个人是公民;人人都认为上级对下级没有任何义务;人们认为彼此间唯一的联系就是,这一部分人加给另外一部分人的惩罚;最后,在这种政体之下,事务是很少的;在那里,人民很少有机会去谒见大人物,向他提出自己的要求,提出抗诉就更少了。

在共和国里,礼物是可厌的东西,因为品德不需要它们。在君主国里,荣誉是比礼物更强有力的鼓舞力量。但是专制的国家,既没有荣誉又没有品德,人们所以有所作为,只是因为希望获得生活上的好处而已。

柏拉图①主张,履行职务而收受礼物的人要处以死刑。这是属于共和国的思想。他说:"不管是为着好事或坏事,都不应当接受礼物。"

罗马有一项坏法律②,就是准许官吏接受小礼物③,假使这些礼物一年不超过一百埃巨的话。没有接受过别人任何东西的人,并不期望任何东西。接受过别人一点儿东西的人,马上就想要再多一点儿,接着就想要得更多。不但如此,对一个不应该接受礼物而接受了的人,要使他服罪是比较容易的。但是对一个可以接受少量礼物却接受多了的人,要使他服罪就不那么容易;他常常可以找到一些借口、一些托词、一些原因和一些似是而非的理由,来为这种行为辩解。

---

① 柏拉图:《法律》,第 12 卷。
② 《法典》,第 6 卷,第 2 节,茹利安法"惩办勒索"项。
③ 拉丁文作 munuscula,即微不足道的赠品之意。

第十八节　元首的恩赏

我们已经说过,在专制的国家,人们所以有所作为,只是因为希望获得生活上的好处,君主的恩赏,除了金钱而外,没有别的东西可以赏赐。在君主国里唯一占支配地位的是荣誉,所以君主的恩赏原来应该仅仅限于以荣誉为基础的名位。但是有名位就有奢华,有奢华就必然有需求,所以君主就不得不赏赐一些可以获得财富的名位了。但是在共和国里,品德占支配地位。品德本身就是一个鼓舞力量,并排除一切其他的力量,所以国家的奖赏只是表扬这种品德而已。

君主国和共和国颁发重赏,就是国家衰朽的标志,这是一般性的规律。因为重赏证明这些国家的原则已经败坏,君主国的荣誉的观念已经失掉了力量,共和国公民的称号已经减低分量了。

最坏的罗马皇帝就是那些赏赐最多的皇帝,例如:卡里古拉、格老狄乌斯、尼禄、奥托、维蒂利乌斯、康莫都斯、海里欧伽巴露斯和卡拉卡拉。最好的皇帝,像奥古斯都、维司巴西安、安托尼努斯·比乌斯、马尔库斯·奥列利乌斯和佩尔提纳克司等,都是节俭的人。当好皇帝在位的时候,国家的原则又有了地位,荣誉的财宝代替了其他的财宝。

第十九节　三种政体原则的一些新的推论

我在结束本章之前,不能不略略应用一下我的三个原则。

第一个问题:法律应不应该强迫公民接受公职?我的意见是:在共和国,应该;在君主国,不应该。在共和国,公职是品德的标志;是国家对公民的信托。公民的生活、行动与思想,都应该完全是为了国家，所以不得拒绝担任公职①。在君主国，公职是荣誉的标志。荣誉有它自己的奇思异想，只有"时间"和"方式"都适合它的意思，它才能接受。

已故的撒地尼亚王②对拒绝接受荣衔和公职的人，都处以刑罚。这样，他在不知不觉间遵从了共和政体的思想。他在其他方面的统治方法充分地证明，他并没有这个意思[59]。

第二个问题：强迫公民在军队中接受一个比他从前还低的职位，这是不是一条好的准则？在罗马人中，时常可以看到今年的上尉到下年成了他的中尉的部下③。这是因为在共和国里，品德要求我们必须为国家不断地牺牲自己，并做自己本不愿意做的事情。但是在君主国里，荣誉——不管是真是假——是不能容忍所谓降格的。

在专制国家里，荣誉、职位、爵位，完全被人滥用，所以它们毫无区别地让君主当臣仆[60]，让臣仆当君主。

第三个问题：同一个人是否可以同时担任文职与武职？我认为在共和国可以同时担任，在君主国就应当分开。在共和国，如果使军职和文职分开，而使军职成为一个特殊身份的话，那是极端危险的。在君主国里，如果把文武两职授予同一个人也是同样危险的。

在共和国里，一个人只是以法律和祖国的保卫者的资格才能拿起武器；因为他是公民，所以在一定的时期内他要去当兵。如果公民和

---

① 柏拉图在所著《共和国》第8卷里，把公民拒绝担任公职列为共和国腐化的标志之一。在所著《法律》第6卷里，主张对拒绝公职者应处以罚金。在威尼斯，则处以流放。
② 维克多·阿麻德乌斯。
③ 有一些百人长向人民呼吁，要求他们担任从前曾经担任过的职位。一个百人长说："伙伴们！你们应该把防卫共和国的一切岗位都看做是光荣的才对。"狄特·李维《罗马编年史》，第42卷，第34章。

士兵竟然是两种截然不同的身份的话,那么那些服兵役而自信是公民的人,便要因此感到自己只是士兵。

在君主国里,军人的唯一目标,只是荣耀;至少是荣誉或财富。对这样的人,应该很小心,不要给予文职。相反地,应该用文官节制他们。应该使同一个人不能同时有人民的信任,又有武力去滥用这种信任①。

有一个国家,外表是君主政体,实际上却是共和政体[61]。在那里,我们看到,人们是如何害怕军人成为一种特殊的身份,人们如何把军人的身份和公民的身份,甚至和官吏的身份结合为一,使这些身份成为国家的保证,使人始终不忘掉国家。

罗马人在共和国灭亡之后,把文职和武职分开;这不是武断的做法,而是罗马政制变化的结果,是和君主政体的性质相符合的。奥古斯都朝代才开始有这种划分②,以后的一些皇帝③不得不把它完成,以便和缓军政府的暴戾。

曾经和瓦连图斯竞争王位的普罗哥比乌斯把总督的官职授予波斯王族的一个亲王荷尔米斯达斯④的时候,又恢复了该官职从前所有的军队指挥权。普罗哥比乌斯这个做法,如果没有很特殊的理由,那是完全不合道理的。一个渴望君权的人所追求的是自己的利益,而不是国家的利益。

---

① "伽利耶诺司以武力禁止元老院把军权交给贵族中最显贵的人,也不许他们到军队的地方去"。见奥列利乌斯·维克多:《论恺撒》。
② 奥古斯都剥夺元老、总督和省长们携带武器的权利。狄欧:《罗马史》,第33卷。
③ 君士坦丁。见《佐济穆斯》,第2卷。
④ 阿米阿奴斯·马尔塞利奴斯在《罗马帝国史》第26卷中指出,这是"按照古人的习惯来调解内战"。

第四个问题：公职是否可以买卖？在专制的国家里，是不可以的；那里的国民在职或去职，应由君主迅速处置。

但是在君主国里，出卖官爵却是好事，因为它诱导人从事人们不愿意为品德而从事的事业，并把这事业作为一个家族的职业；它使每个出钱买官的人尽其职责，又使国家的各等级较为稳固持久。隋达斯[62]很好地指出，阿那斯塔西乌斯把所有的官职都卖掉，因而把帝国变成一种贵族政体。

柏拉图[①]不能容忍这种买卖。他说："这就像一只船，收一个人的钱，便让他当舵手或航海员。这条规则在人生的任何一种行业上都是坏的，而只有在领导一个共和国时是好的，有这种事么？"不过柏拉图说的是以品德为基础的共和国。而我们谈的是君主国。在君主国里，出卖官职虽然有时没有公开的条例，但由于朝臣的贫穷与贪婪，也仍然是要卖官职的。偶然的卖买可能比君主的选拔得到更好的人才。简言之，由财富而致显贵，这种方法可以激励并培养人们的勤劳[63]。而勤劳正是这种政体所急需的[②]。

第五个问题：什么样的政体需要监察官？

共和国需要监察官。共和国的原则是品德。破坏品德的不只是犯罪行为。疏忽、错误、爱国心一定程度的冷淡、有危险性的事例、腐败的种子，也破坏品德。这些东西并不违犯法律，而是逃避法律；不是破坏法律，而是削弱法律。这一切都应该由监察官加以纠正。

雅典曾经有人把被老鹰追袭而逃入他怀中的一只麻雀打死，最高裁判所的法官便将这个人判处刑罚，这使人们骇异。又有一个儿童把

---

① 《共和国》，第 8 卷。
② 西班牙存在着懒惰，因为那里所有的公职都是给予的。

自己的小鸟的眼睛挖掉，最高裁判所的法官便把这个儿童处死刑，这使人们惊愕。我们应该注意，这里的问题不是对犯罪的处罚，而是一个共和国关于风俗的裁判；风俗是共和国的基础。

君主国就不需要监察官，君主国是以荣誉为基础的；从荣誉的性质来说，全世界的人都是荣誉的监察官。任何人有了玷污荣誉的事，便要受到责难，就是自己没有荣誉的人也要责难他。

在君主国，如果设置监察官的话，则腐化监察官的正是监察官所要纠正的那些人。监察官对于君主政体的腐败，是无能为力的；但是君主政体的腐败对于监察官却是一种不可抵抗的力量。

专制政府不应该有监察官是显而易见的。但中国的事例，似乎破坏了这条规律。在本书后面，我们将看到中国设立监察制度的特殊理由。

第六章　各政体原则的结果和民、刑法的繁简、判决的形式、处刑等的关系

第一节　各种政体民法的繁简

君主政体的法律不能像专制政体的法律那样简单。君主国必须有法院。法院要做出判决；判决要保存起来，又要加以学习。这样，我们今天的判决才能和昨天的一样，公民的生命和财产才能同国家的政制一样地安稳、固定。

在君主国里，司法工作不仅判决有关生命和财产的事，而且也判决有关荣誉的事，所以需要极谨慎的调查和问讯。当法官的责任越大，当裁判所涉及的利益越重要的时候，他便要更加细心。

因此，我们看到这些国家，法律上的规条、限制和引申极多，产生了浩繁的特殊案例，俨然自成一套推理的艺术；但我们不应当感到奇怪。

君主政体建立了等级、门第、出身的区别，这常使财产的性质也发生差异；和这个国家的政制有关的法律又可能增加这些差异。因此，在我们欧洲的国家，财产有"夫妻各人的私有财产"和"夫妻的共有财产"或"夫妻非继承取得的财产"；有"奁产"及"奁产以外的妻产"；有"父系遗产"和"母系遗产"；有各种"动产"；有"无条件继承

的不动产"和"指定继承人继承的不动产";有"由继承而取得的财产",有"由让与而取得的财产";有"免除课役的贵族财产"[64]和"负有义务的平民财产";有"在不动产上设定的年金"和"在现金上设定的年金"。每一种财产都设有特别法规,财产的处分都是遵从这些法规。这样,法律就不可能简单了。

在欧洲各国,采地是世袭的,所以贵族必须有固定的财产,意思就是说,采地必须有一定程度的稳固性,以便使采地的所有主能够总是有力量去侍奉君主,办法也必然是多种多样的。例如有的国家,采地不得由兄弟们分割;有的国家,弟弟们得享受较宽裕的生活费用。

熟悉各省情况的君主能够制定不同的法律,或是容许不同的习惯。但是暴君则什么也不知道,什么也不注意,所以他只能采取一般性的措施,并且不论对什么地方都依照同一的、绝对的意志进行统治。一切都在他的脚下压平了。

在君主国里,法庭裁判越多,案例中互相矛盾的判决也就越多。这种矛盾有时候是因为后来的法官想法不同;有时候是因为同一案情,有辩护得好的,也有辩护得不好的;最后,有时候是因为凡是由人们的手经办的事便会产生无数的弊端。判决的矛盾是一种不可避免的弊害。立法者时常加以纠正,因为它甚至是和政治宽和的国家的精神相违背的。因为人民所以不能不求助于法院,应该是由于政制的性质,而不是由于法律的矛盾或不确定。

在必须有身份区别的国家,就必定有特权存在。这更减少法律的简单性,并制造出千百种的例外。

有一种特权对社会,尤其是对这个特权的授予者来说,是最无所损的,那就是可以任意选择一个法院进行诉讼的特权。但这里也有新的困难；就是应该在哪一个法院进行诉讼成为问题的时候所发生的困难。例如：当有特权的两造选择不同法院时。

在专制国家，人民所处的情况则是迥然不同的。在这些国家里，我不知道立法者有什么法可以订立，法官有什么案件可以裁判。因为所有土地都属于君主，所以几乎没有任何关于土地所有权的民事法规。因为君主有继承一切财产的权利，所以也没有关于遗产的民事法规。还有些专制国家的君主独揽贸易，这就使一切商务法规归于无用。人们通常和女奴结婚，所以几乎没有关于奁产或关于妻子的利益的民事法规。又由于奴隶众多，所以几乎没有有个人意志的人，因此也没有应该对自己的行为负责而对簿公庭的人。他们的道德上的行动，大半只是父亲、丈夫或主人的意志而已，所以他们的这些行动由这些人决定，而不是由官吏决定。

我忘了说，我们所谓荣誉的东西，在这些国家几乎是没有人懂得的。一切关于荣誉的事情对于我们是一个重要的课题，但是在这些国家是没有地位的。专制主义自身就具备了一切；在它的周围全是一片空虚。所以当旅行家们向我们描述专制主义统治着的国家时，他们很少谈到民法[①]。

因此，在专制国家里是完全没有发生纠纷和诉讼的机会的。而且一部分的原因是因为那里的诉讼人受到极粗鲁的对待。同时，诉讼人不公道的要求，因为没有繁复的法律可作掩盖、缓冲或保护，所以很快就被人看出来。

[①] 在马祖立巴丹，人们未能发现成文的法律。见《创建东印度公司历次航行辑览》，第4卷，第1篇，第391页。印度人的判决，只受一些习惯的约束。《吠担经》（应为《吠陀经》）及其他类似书籍内没有民法，而只有宗教的训条。见《耶稣会士书简集》，第14辑[65]。

第二节　各种政体刑法的繁简

我们听到人们不断地说，我们的司法工作应该处处都像土耳其一样。那么世界最愚昧的人民在人类最应当懂得的一件事情上竟然是明彻的，这有可能么？

如果我们检查一下我们的司法程序的话，我们无疑将看到，这些程序太多，以致一个公民要经过许多麻烦才能重新获得他已失去的财产或是获得损害的赔偿。但是如果我们从这些司法程序同公民的自由和安全的关系去考虑的话，我们便将感到这些司法程序是太少了，并且将看到我们司法上的麻烦、费用、迟延，甚至危险性，都是每一个公民为着他的自由所付出的代价。

在土耳其，对公民的财产、生命和荣誉是很少关心的，所以一切诉讼，随便用这种或那种方式很快就给结束了。结案的方式是无关紧要的，只要结了案就行了。总督草率地讯问一下，随便命令打诉讼人的脚掌几棍子，就把他们打发回去了。

在这种国家里，好讼的性情是很危险的。好讼就一定有获得公平处理的强烈愿望，有憎恨的心情，有灵活的头脑和追求目的的决心。所有这些东西都是这种政体之下所应避免的。在这种政体之下，除了畏惧而外，是不应该有其他感情的；在这种政体之下，一切事情都可以骤然地导致革命，革命是不能预见的。每一个人都应知道，不要让官吏们听到人们谈到他，卑屈微贱就是他获得安全的唯一保障。

但是在政治宽和的国家里，一个人，即使是最卑微的公民的生命也应当受到尊重。他的荣誉和财产，如果没有经过长期的审查，是不得剥夺的；他的生命，除了受国家的控诉之外，是不得剥夺的。——

085

国家控诉他的时候，也必定要给他一切可能的手段为自己辩护。

所以，当一个人握有绝对权力[①]的时候，他首先便是想简化法律。在这种国家里，他首先注意的是个别的不便，而不是公民的自由，公民的自由是不受到关怀的。

共和国至少要和君主国有一样多的诉讼程序，这是显而易见的。在这两种政体之下，对公民的荣誉、财富、生命与自由越重视，诉讼程序也就越多。

在共和国政体之下，人人都是平等的。在专制政体之下，人人也都是平等的。在共和国，人人平等是因为每一个人"什么都是"；在专制国家，人人平等是因为每一个人"什么都不是"。

第三节　在什么政体与情况之下法官应按照法律的明文断案

一个政体越接近共和政体，裁判的方式也就越确定；在拉栖代孟共和国，民选长官断案是武断的，没有任何法律作依据；这是一个弊端。罗马初期的执政官们的裁判方式也和拉栖代孟的民选长官一样，但因感觉不便，所以制定了明确的法律。

专制国家是无所谓法律的。法官本身就是法律。君主国是有法律的；法律明确时，法官遵照法律；法律不明确时，法官则探求法律的精神。在共和国里，政制的性质要求法官以法律的文字为依据；否则在有关一个公民的财产、荣誉或生命的案件中，就有可能对法律作有害于该公民的解释了[66]。

[①] 恺撒、克伦威尔和其他许多人。

在罗马，法官只能够宣告被告犯了某一罪行，而这罪行的处罚，法律是有规定的。这从当时所制定的各种法律可以看到。同样，在英国，由陪审员根据向他们提出的事实，认定被告是否犯罪。如果他们宣告犯罪属实，法官便按照法律的规定宣布刑罚。做这件事，法官只要用眼睛一看就够了。

第四节　裁判的方式

从上述情形，便产生不同的裁判方式。在君主国，法官们采取公断的方式。他们共同审议，交换意见，取得协调；改变自己的意见，以便和别人的意见趋于一致；而且少数又不能不服从多数。这和共和国的性质是不相容的。在罗马以及希腊的城市，法官们从来不是共同商议的。每个法官用以下三种方式之一发表意见，就是："我主张免罪""我主张定罪""我认为案情不明"[1]；因为这是人民在裁判或者人们认为这是人民在裁判。但是人民并非法学者，关于公断的一切限制和方法是他们所不懂的。所以应该只向他们提出一个目标，一个事实，一个单一的事实，让他们只须决定应该定罪、免罪或是延期判决。

罗马人仿照希腊的例子，采用了诉讼定式[2]并规定每一个案件必须遵照仅仅适用于该类案件的诉讼进行审理。这在他们裁判的方式上是必要的。他们必须先确定讼争的内容，使人民无论什么时候都看得

---

[1] 拉丁文原文作 Non liquet。
[2] "他们要使诉讼确定而有常规，不让人民随意确定。"见《罗马法汇编，法律的起源》，第 2 卷，第 6 节。

很清楚。否则在审理某一重大案件的过程中，讼争内容不断发生变化，终会令人无法辨识。

因此，罗马的法官只准许诉讼人提出明确的要求，不得作任何增减或变更。但是裁判官们另立一种诉讼定式，叫做"照实定式"①，按照这些定式，在宣判的方法上法官有较大的裁量自由。这对君主政体的精神比较适合。所以法国法学者们有一个说法，就是在法国一切诉讼都是"照实"的②。

第五节　在什么政体之下元首可以当裁判官

马基雅弗里③认为佛罗伦萨失掉自由是因为人民没有像罗马一样集体地审判反人民的叛逆罪。佛罗伦萨设法官八人，审理叛逆罪；马基雅弗里说："但是因为人少，所以腐化他们也用不了多少人。"我很愿意采用这位伟人的名言。但因在叛逆罪案件中，政治上的利益可以说超过了民事上的利益；因为人民当自己的讼案的裁决者常常是不方便的；所以法律就应当尽量有法规保障个人的安全，以资补救。

由于这种考虑，罗马的立法者做了两件事：他们准许被告在宣判以前④，可以自动离开本国⑤。他们又规定，被定罪的人的财产应受到尊重，以防止财产被人民没收。在本书第十一章里，我们还将看到对

---

① 在这些定式上人们写着 ex bona fide（"照实"）字样。
② 在法国，如果一个人对所负债务没有自动提存他所欠的债款，即使起诉人要求他偿还的债务多于他实际所欠债务的话，他也要被判负担诉讼费用。
③ 《论狄特·李维〈罗马编年史〉的第一代史》，第1卷，第7章。
④ 这是雅典的法律，由德漠斯提尼斯可以知道，苏格拉底曾拒绝利用这条法律。
⑤ 这在西塞罗《为该基那辩护》（末尾第 c 章）的演说里有详尽的说明。

088

人民的裁制权力所加的其他限制。

梭伦很懂得防止人民的刑事审判权力所可能发生的弊端。他规定最高裁判所对这类案子应进行复审；如果它认为被告的免罪[1]是不公正的话，就应该重新再向人民提出控告；如果它认为被告的定罪是不公正[2]的话，便应停止判决的执行，并让人民重新审理。这真是良好的立法；它使人民受到他们最尊敬的官吏的审查，而且甚至受到人民自己的审查！

这种案件，迟延些时候总是好的，尤其是在被告已被拘留的场合。这样人民可以安静下来，冷静地进行审判。

在专制的国家，君主可以亲自审判案件。这在君主国是不可以的；如果这样的话，政制便将被破坏，附庸的中间权力将被消灭，裁判上的一切程序将不再存在；恐怖将笼罩着一切人的心，每个人都将显出惊慌失措的样子，信任、荣誉、友爱、安全和君主政体，全都不复存在了。

此外，我们还有一些其他的考虑。在君主国，君主是原告，控告被告，要被告或被处刑或被免罪。如果他亲自审判的话，那么君主既是审判官，又是诉讼当事人了。

在这种国家里，君主常常取得没收的东西。如果他审判犯罪的话，他又将既是审判官又是诉讼当事人了。

不仅如此，如果君主当审判官的话，他便将失掉君权最尊贵的一个标志，就是特赦[3]。他做出判决又取消自己的判决，岂不是荒谬么？

---

[1] 德漠斯提尼斯：《论王冠》，1604年佛兰克福版，第494页。
[2] 腓罗斯特拉都斯：《诡辩家传》，第1卷，"伊斯奇因斯传"。
[3] 柏拉图〔书翰8〕说，君王就是神的祭司；所以认为君王不应参加处人以死刑、流放或监禁的审判。

089

他一定不愿意如此自相矛盾。

此外，如果他当审判官还会引起一切思想上的混乱；一个人到底是被免罪，还是被特赦，就弄不清楚了。

路易十三世愿意亲自审判德·拉·华烈德①公爵案，在他的办公室召集最高法院的一些官员和参政院的一些参事咨议讨论这件事。当国王强迫他们对公爵的逮捕令发表意见的时候，院长德·贝列夫尔说："他认为君主对一个臣民的讼案发表意见，是一件奇怪的事，君王们只保留着特赦的权力，把定罪的权力留给官吏；陛下却很愿意亲眼看到一个坐在被告席上的人由于陛下的判决在一小时之内走向死亡！以君主慈祥的容颜是不能容许这样做的；君主唯有在撤销教会的例禁的时候才亲自幸临；不要使人们离开元首座前时心怀不满。"当进行审理的时候，该院长又发表意见说："法兰西的一个国王，以法官的身份，依自己的意见，把一个贵族判处死刑②，这是一个史无前例的、甚至是一个违反从古至今一切惯例的判决。"

不仅如此，由君主做判决将成为不公正和弊端无穷无尽的泉源；朝臣们将通过啰唆的请求向君主强索判决。有些罗马皇帝有亲自审理案件的狂热；他们的朝代的无可伦比的不公正，使全世界为之惊愕。

塔西佗说③，"格老狄乌斯把案件的审理和官吏的职权都揽在自己的身上，因此给各种掠夺制造机会。"但是尼禄继格老狄乌斯帝位的时候，为着怀柔民心，曾下诏说"他绝对不当任何诉讼的审判官，

---

① 见审判德·拉·华烈德公爵的记载；载孟特烈佐尔：《回忆录》，第2卷，第62页。
② 后来改判，见审判德·拉·华烈德公爵的记载；载孟特烈佐尔：《回忆录》，第2卷，第236页。
③ 塔西佗：《史记》，第11卷，第5章。

这样可使原告和被告免得在宫廷中受到几个脱离奴籍的人[①]的邪恶权力的侵害"。

佐济穆斯[②]说:"当阿加底乌斯朝代时,诽谤之风,蔓延全国,宫廷被一群诽谤者所包围,变得腐败不堪。一个人死亡的时候,便立即假定他没有子女[③],因此用一道敕令,就把他的财产赐予别人。君主愚蠢得出奇;帝后的进取心又过分强烈,成了她的家仆和心腹们的无厌贪求的奴隶;这种情况,对于安分守己的人们来说,没有比死更好的了。"

普罗哥比乌斯[④]说:"从前朝廷上的人是极少的;但是在查士丁尼朝代时,由于法官已无司法的自由,他们的法庭已成为人迹罕至的地方,而君主的宫廷内,前来恳求拜托的诉讼人却是吵吵嚷嚷,声音嘈杂。"谁都知道在这个朝廷里是怎样地可以出卖裁判,甚至可以出卖法律。

法律是君主的眼睛;君主通过法律,可以看到没有法律时所不能看见的东西。如果他想行使法官的职权,他将不是为自己而劳碌,而是为那些对他进行欺骗的奸佞之辈而劳碌。

第六节 君主国的大臣们不应审案

在君主国,大臣们亲自审判讼争也有极大的不便。我们看见,今

---

① 塔西佗:《史记》,第13卷,第4章。
② 《历史》,第5卷。
③ 这种混乱在少提奥多西乌斯朝也同样地存在。
④ 《秘史》。

天还有一些国家[67]设有许多法官审理财政诉讼,但是大臣们也要审判这些案子,真是不可思议的一件事!这情况引起我们极多的思考,这里我就只说一点吧。

由于事物性质的关系,君主的枢密院和法院之间有一种矛盾存在。枢密院的人员应该少,而法院的人员应该多。

原因是:枢密院商议与处理事务要具有一定程度的感情,并且要顺从感情,这只能由四五个人负责,否则就恐怕不可能做到。反之,法官需要冷静,对一切讼案多多少少要冷漠无情。

第七节　单一的审判官

这种职官是只有专制政体才会有的。在罗马的历史里,我们看到单一的审判官如何滥用权力。阿庇乌斯在他的法庭里是怎样藐视法律,甚至违背他自己所制定的法律①;这有什么可奇怪的呢?狄特·李维告诉我们这位十大官中的一员对法律所做的不公正的解释。他曾经暗中指使一个人在他面前索回维珍妮为女奴;维珍妮的亲属们主张:按照阿庇乌斯的法律,在判决确定之前,应把维珍妮交给她的亲属。阿庇乌斯宣称,他所制定的法律只是为着父亲的利益,她的父亲维奇尼乌斯既然没有在场,该法律便不得适用②。

---

① 参看《罗马法汇编——法律的起源》,第2卷,第24节。
② "女孩的父亲既然没有在场,情况正好可以使她受到羞辱,这是可以意料到的。"见狄特·李维:《罗马编年史》,第一代史,第3卷,第44章。

第八节　各种政体下的控诉方式

在罗马①，一个公民可以控告另一个公民。这和共和国的精神是相符合的。一个共和国的公民，对于公共的福利应该有无限的热情，并且应当认为每一个公民手里都掌握着国家的一切权利。到了皇帝的时代，共和的准则仍然为人们所遵循，但是不久就出现一种阴险的人，一大群告密者，全都是凶顽狡黠，人格卑鄙，野心勃勃之辈；他们寻觅犯罪的人，是因为这些人被判了罪，他们便可以取悦于君王。这是获得荣耀与财富的道路②。这种事情，在我们的国家里是没有的。

我们现在有一项很好的法律，那就是，根据法律，君主是为着执行法律而设的，所以每一个法庭应由他委派一个官员[68]，用他的名义对各种犯罪提起公诉；因此，我们不知道这种告密者是谁；如果这位公诉人有渎职嫌疑，人们便将强迫他指出原告发人是谁。

按照柏拉图的《法律》③，凡因疏忽，没有向官吏告发或协助官吏的人，要受处罚，这在我们今天就不那么合适了。国家的检察官密切注意公民的安全；检察官执行职务，公民则获得安宁。

第九节　各种政体刑罚的轻重

严峻的刑罚比较适宜于以恐怖为原则的专制政体，而不适宜于以

---

① 而且在许多其他城市。
② 参看塔西佗所述这些告密者所得的报酬。见《史记》，第4卷，第30章。
③ 第9卷。

荣誉和品德为动力的君主政体和共和政体。

在政治宽和的国家，爱国、知耻、畏惧责难，都是约束的力量，能够防止许多犯罪。对恶劣行为最大的惩罚就是被认定为有罪。因此，民事上的法律可以比较容易地纠正这种行为，不需要许多大的强力。

在这些国家里，一个良好的立法者关心预防犯罪，多于惩罚犯罪，注意激励良好的风俗，多于施用刑罚。

中国的著述家们老是说，在他们的帝国里，刑罚越增加，他们就越临近革命①。这是因为风俗越浇薄，刑罚便越增多的缘故。

在所有或几乎所有的欧洲的国家里，刑罚的增减和人民距离自由的远近成正比例，这是不难证明的一件事。

在专制国家里，人民是很悲惨的，所以人们畏惧死亡甚于爱惜其生活。因此，刑罚便要严酷些。在政治宽和的国家里，人们害怕丧失其生活，甚于畏惧死亡，所以刑罚只要剥夺他们的生活就够了。

极端幸福和极端不幸的人，都同样地倾向于严酷；僧侣们和征服者就是例证。只有处于平凡的地位，再加上命运顺逆的混合，才能有温和、恻隐之心。

个人所看到的东西，在国家也同样可以看到。在野蛮人居住的地方，人们过着艰苦的生活；在专制的国家，只有一个人受到幸运的极端的恩宠，而其他的一切人则受幸运的凌辱；这两种国家的人同样都是残忍的。仁慈仅仅笼罩着政治宽和的国家。

当我们从历史读到苏丹的司法残暴的例证时，不禁以一种痛苦的心情感到人性的邪恶。

---

① 我在后面要说明，中国在这点上的情况是等于共和国或君主国。

在政治宽和的国家里，对一个好的立法者来说，无论什么都可以用来当做刑罚。斯巴达最主要刑罚之一，是不许一个人把妻子借给别人或是接受别人的妻子，并且只许他和童贞女同室，这岂不是非常奇特的事么？总之，法律认为什么是刑罚，就是有效的刑罚。

第十节　古代法国的法律

在古代法国的法律里，我们很可以看到君主政体的精神。罚金的案子，贵族所受的处罚比非贵族重①。但是刑事案件，则完全相反②，贵族失掉荣誉和在法庭上的答辩权，而没有荣誉可以丢失的平民则只受体刑。

第十一节　人民有品德便可以简化刑罚

罗马的人民性格正直。这种正直有很大的力量，所以立法者常常只要向人民指出正当的道路，让人们依从就够了。对他们似乎只要劝告，并不需要命令。

到了共和国的时候，因为有了瓦烈利法③以及鲍尔西法④，所以君

---

① "如果破坏法令，平民罚款四十铜钱，贵族罚款六十镑。"见《乡间事务大全》，第2卷，第198页，1512年哥特版；波马诺亚：《波伏西斯习惯法》，第61章，第309页。
② 见彼得·戴方丹：《劝言》，第13章，尤其是第22条。
③ 该法是瓦烈利乌斯·布不利哥拉在驱逐诸王后不久制定的。它曾经过两次修订；两次的修订工作都由同一家族的官吏们担任。见狄特·李维：《罗马编年史》，第10卷，第9章。修订的目的并不是要加强法律的力量，而是使条文更加完善。狄特·李维所说的"更加完善"，拉丁文作"Diligentius Sanctum"。
④ 即所谓"背着公民而制定的鲍尔西法"。该法于罗马建立454年时制定。

095

王的法律和十二铜表法所规定的刑罚都被废除了。从来没听说共和国因此而治理得不如从前好；政事也并没有因此受到了损害。

瓦烈利法禁止官吏们对曾向人民提出申诉的公民使用一切暴戾的手段，违反者则被认为是一个凶恶的官吏，加以处罚。

第十二节 刑罚的力量

经验告诉我们，在刑罚从轻的国家里，公民的精神受到轻刑的影响，正像其他国家受到严刑的影响一样。

如果在一个国家里，有什么不便的事情发生的话，一个暴戾的政府便想立即加以消弭。它不想法执行旧有的法律，而是设立新的残酷的刑罚，以便马上制止弊害。但是因为政府的动力被用尽了，人们对严刑峻法在思想上也习惯了，正如对宽法轻刑也会习惯一样；当人们对轻刑的畏惧减少了，政府不久便不能不事事都用严刑。有的国家时常发生[69]拦路抢劫，为着消除这种祸害，它们便发明了车轮轧杀刑；这个刑罚的恐怖，使抢劫暂时停止。但是不久以后，在大路上拦路抢劫又和从前一样了。

在今天，士兵的逃跑是极常有的事；法律规定对逃亡者处死刑，但是逃亡并没有减少。这是理所当然的；一个士兵往往习惯于冒生命的危险，便轻视生命的危险，或是以轻视生命危险自诩。他有害怕羞辱的习惯，所以应该给他一种让他终生带着耻辱的刑罚[①]。说来刑罚是加重了，而实际上却是减轻了。

---

① 过去人们或是在鼻子上划开一道裂缝，或是割掉双耳。

治理人类不要用极端的方法；我们对于自然所给予我们领导人类的手段，应该谨慎地使用。如果我们研究人类所以腐败的一切原因的话，我们便会看到，这是因为对犯罪不加处罚，而不是因为刑罚的宽和。

让我们顺从自然吧！它给人类以羞耻之心，使从羞耻受到鞭责。让我们把不名誉作为刑罚最重的部分吧！

如果一个国家，刑罚并不能使人产生羞耻之心的话，那就是由于暴政的结果，暴政对恶棍和正直的人使用相同的刑罚。

如果有一个国家，那里的人所以不敢犯法纯粹是因为惧怕残酷的刑罚的话，我们也可以肯定；这主要是由于政府的暴戾，对轻微的过错使用了残酷的刑罚。

常常有立法者，打算要纠正一个弊端，便只想到纠正这一点；他的眼睛只对于这个目标是睁着的，而对于一切弊害则是闭着的。当弊端纠正了的时候，人们所看见的只是立法者的严酷，但是在国家里却留下一个由于这种严酷而产生的弊害；人民的精神被腐化了，习惯于专制主义了。

里山大[①]战胜了雅典人；当对雅典俘虏进行审判时，人们控告雅典人曾把两只大划船的俘虏全部扔下断崖去，并曾在议会中决议，凡是抓到俘虏，就把他的手砍掉。因此，那些雅典人，除了曾经反对这一决议的阿迪曼蒂斯而外，全部被屠杀了。在把腓罗克列斯处死之前，里山大责备腓罗克列斯，说他败坏了人民的精神，把残忍教给整个希腊。

普卢塔克[②]说：“阿尔哥斯人把他们的公民一千五百人处死；雅

---
① 色诺芬：《历史》，第2卷，第2章，第20—22节。
② 普卢塔克：《道德著述》第14章"论执掌国政的人们"。

097

典人曾经举行赎罪祭,希望神明使雅典人的心永远避开这样残忍的思想。"

有两种腐化,一种是由于人民不遵守法律,另一种是人民被法律腐化了。被法律腐化是一种无可救药的弊端,因为这个弊端就存在于矫正方法本身中。

第十三节　日本法律的软弱

过度的刑罚甚至可以腐化专制主义本身;日本就是一个例子。

在那里,差不多所有的犯罪都处死刑[①],因为不服从像日本天皇那样伟大的皇帝便算是一个大罪。问题不是在惩戒罪犯,而是为君主报仇。这些思想来自奴役制,尤其是来自这一事实:皇帝是一切财产的所有人,所以几乎一切犯罪都直接违背他的利益。

在法官面前撒谎的,处死刑[②];这是和自卫的天性相违背的。

在那里,甚至不像是犯罪的事情也受到严厉的刑罚;例如赌钱的人处死刑。

日本人民的性格是使人惊异的。日本人民是顽固、任性、刚毅、古怪的,一切危险和灾难都不放在眼里。乍一看来,似乎这种性格可以使立法者免受责难,不认为他们的法律过于残酷。但是这些人本来就轻视死亡,并且往往因为最最微不足道的一种幻想就剖腹自杀;不断地让他们看到刑罚就能够改正或阻止住他们么?他们不会司空见惯,不以为意么?

---

① 见康波弗尔:《日本史》。
② 《创建东印度公司历次航行辑览》,第3卷,第2篇,第428页。

关于日本人的教育问题，旅行家的记述告诉我们，对待日本儿童要温柔些，因为他们对惩罚是顽抗的；旅行家又告诉我们，对待日本的奴隶不要太粗暴，因为他们立即起来自卫。你是不是会认为，他们从家庭事务上应有的这种精神，很容易地联想到应该用什么精神去处理国家政治上与民事上的事务呢？

一个明智的立法者就应当努力，通过适度的刑罚与奖赏，通过和上述性格相适宜的哲学、道德与宗教的箴规，通过荣誉的法规的适当应用，通过羞辱性的刑罚，通过长时期的幸福和太平生活的享受，去教养人民。而且，如果立法者怕人民的精神已经习惯于只有残酷的刑罚才能有所约束，较轻的刑罚已无济于事的话，立法者便要用一种缄默的做法，在不知不觉之间改进①，在可以宽赦的特别案件中就宽减其刑罚，直到一切案件的刑罚都可以得到改变为止。

但是这些方法是专制主义所不能了解的；它不走这些道路，它能够滥用自己的威力，它所能做的，止此而已。在日本专制主义曾尽力滥用权力，因此变得比专制主义本身还要残忍。

人们的心灵，处处都受到震惊，并变得更残暴了；只有用更严厉的残暴才能驾驭它们。

这就是日本法律的起源。这就是日本法律的精神。但是这些法律的残暴多于它的力量。日本法律曾经成功地摧毁了基督教；但是它所尽的惊人的努力，适足以证明它的软弱无力。它愿意建立一个良好的体制，却更清楚地暴露了它的软弱。

我们应该谈一下天皇和大老在都城会见的故事②。在那个城里被

---

① 我们应当注意：在人民的精神受到过度严峻刑罚的破坏的场合，这是一条适于实践的准则。
② 《创建东印度公司历次航行辑览》，第5卷，第2页。

099

暴汉闷死或刺杀的人多到不能令人置信；每天都能发现暴徒们把年轻男女绑走，然后在夜深时把他们遗弃在公共场所。他们赤身裸体，被缝在麻袋里，为的是不让他们知道曾经走过哪一条路；暴徒抢劫所要抢劫的一切东西；他们把马肚子刺破，使骑马的人掉下来；他们推翻四轮马车，抢劫车里妇女们的衣饰。人们告诉荷兰人不要在露台上过夜，否则将被暗杀；那些荷兰人便从露台上下来……。

我再举另外一个事实。一个日本天皇耽溺于可耻的逸乐，不娶妻室，因此有绝嗣的危险。大老送给他两个很美丽的少女。为着对大老表示尊敬，他娶了其中的一个，但是不跟她在一起。他的乳母让人为他遍寻帝国最美丽的女子，但他都不要。最终有一位兵器工人的女儿中了他的心意①，他决定娶她，生了一个儿子。宫廷中的贵妇们看到这样出身卑贱的人反比她们得宠，极为愤慨，便把那个小孩窒死了。这个罪行曾被隐瞒，不让天皇知道，否则便要使很多人流血。所以法律过于严酷，反阻碍了法律的实施。如果刑罚残酷无度，则往往反而不处刑了。

第十四节 罗马元老院的精神

在阿基利乌斯·格拉布利欧和毕苏执政的时代，制定了阿基利阿法以防止阴谋诡计②。据狄欧③说，元老院让执政官们提出这项法律，因为护民官哥尼利乌斯曾决心要设立可怕的刑罚来对待这种犯罪。人

---

① 《创建东印度公司历次航行辑览》，第5卷，第2页。
② 犯者处罚金；不得再当元老，也不得再担任任何公职。狄欧：《罗马史》，第36卷，第21章。
③ 同上。

民也很有这种倾向。元老院认为,严刑固然可以使人心恐怖,但是也会产生另外一种结果,就是以后将无人来控告,也无人来判罪了。如果建立适中的刑罚,则将经常有审判官和控告者。

第十五节 罗马法关于刑罚的规定

当我发现罗马人的事迹证明了我的看法时,我对我的意见更加坚定了。当我看到伟大的罗马人民按照他们更改政治法规的比例去更改他们的民事法规时,我便相信刑罚和政体的性质是相互联系着的。

为一个由逃亡者、奴隶和匪徒所组成的民族而制定的"王法"是很严厉的。要是按照共和国的精神,就应该要求十大官们不把这些法律列入十二铜表法内;但是那些醉心于暴政的人们是无意追随共和国的精神的。

阿尔巴的独裁者梅蒂乌斯·苏腓蒂乌斯被杜露斯·霍斯蒂利乌斯判处两车裂尸的刑罚。狄特·李维说[1],这是罗马人的第一次也是最后一次忘掉人道的刑罚。他错了;十二铜表法里是充满着极残酷的条款的[2]。

十大官们的意图,可以在对诽谤者和诗人判处极刑这一事上看得最清楚。这是和一个共和国的精神不相符合的。一个共和国的人民喜欢看大人物们受到贬抑。但是愿意毁灭自由的人们是害怕那些可能复活自由精神的著作的[3]。

---

[1] 狄特·李维:《罗马编年史》,第1卷,第28章。
[2] 其中有火刑,凡是刑罚几乎总是死刑,偷窃也处死刑等等。
[3] 苏拉受到十大官们同样的精神的激励,同他们一样增加了对讽刺作家们的刑罚。

101

在十大官被驱逐之后，差不多所有规定这些刑罚的法律都被废除了。这并不是由明文废除的，而是由鲍尔西法规定，对罗马公民不得处死刑，所以那些法律便不能再适用了。

狄特·李维论罗马人时说[1]，从来没有人比罗马人更喜爱宽和的刑罚了；他所指的正是这个时代。

罗马于刑罚宽仁之外，被告还有在宣判前离去其本国的权利，因此我们可以说罗马人所遵循的就是我所说的符合共和国性质的精神了。

苏拉把暴政、无政府状态和自由都混淆了。他制定了哥尼利法。他制定法规的目的，似乎只是为了创立罪名而已。因此，他把无数的行为都叫做杀人罪，所以他不论在哪里都看到杀人犯；而且极其惯常做的一件事，就是在全体公民的道路上，设置陷阱，播种蒺藜，开辟深渊。

差不多所有苏拉的法律，都只是规定着准死[2]或流放等刑罚。恺撒再加上"没收财产"[3]，因为如果富人在流放时仍旧保存他们的财产的话，他们将更加敢于犯罪了。

皇帝们建立了一个军政府，不久便发觉这个政府对于君主和对于人民是一样的可怕；因此他们便企图使这个政府变得温和些；他们觉得需要设立品爵，并给以应有的尊重。

政府便这样稍微接近了君主政体；刑罚也分做三类[4]，即：（一）

---

[1] 狄特·李维：《罗马编年史》，第1卷，第28章。
[2] 准死，刑名，即褫夺公民权及民事上的权利之刑；今废。——译者
[3] "因为富贵的人易于犯罪而倾家荡产，所以加重对他们的犯罪的惩罚。"见苏埃多尼乌斯：《尤利乌斯·恺撒》，第62章。
[4] 见哥尼利法"暗杀罪"第3条，以及《罗马法汇编》和《法典》内的极多其他规条。

对待国家"重要人物"[1]的刑罚相当宽和；（二）对待"品级较低的人"[2]便严峻些；（三）仅仅适用于"身份卑微的人"[3]的刑罚，就最为严酷。

那个凶暴而愚蠢的玛克西米努斯本来应当使军政府变得柔和些，但他使它更加严酷了。据加必多利奴斯[4]说，元老院获悉，有的人被钉死在十字架，有的人被扔给野兽吃，有的人被包裹在刚屠宰的野兽的皮内，完全不顾他们的品爵如何。他好像是要执行军事的纪律。他宣称要用军事纪律做模范去整饬民政。

在我写的《罗马盛衰原因论》[5]里，我们看到君士坦丁怎样把军事的专制主义变成一个军事兼民政的专制主义，因而接近了君主政体，这里，我们可以追寻这个国家历次革命的史迹，并且看到这些革命怎样由严酷转到松弛，由松弛转到犯罪不受处罚。

第十六节　罪与刑间的适当比例

刑罚的轻重要有协调，这是很重要的，因为我们防止大罪应该多于防止小罪，防止破坏社会的犯罪应该多于防止对社会危害较小的犯罪。

"一个骗子[6]自称是君士坦丁·杜甲斯，在君士坦丁堡煽起了一个大叛变。他被捕并被判处鞭笞刑。但是当他告发一些有名位的人物时，

---

[1] 拉丁文：Sublimiores.
[2] 拉丁文：Medios.
[3] 拉丁文：Infimos. 见哥尼利法"暗杀罪"第3条。
[4] 加必多利奴斯：《两个玛克西米努斯》，第8章。
[5] 第17章。
[6] 《君士坦丁堡的长老尼塞浮露斯的历史》[70]。

他便被当做诬告者判处火烧刑。"他们对叛国罪和诬告罪这样地量刑，真是咄咄怪事。

这使我想起英国国王查理二世的一句话。他在路上看见一个人被上枷示众，便问这个人为什么上枷。人们回答说："陛下，他曾经写东西诽谤陛下的大臣们。"国王说："愚蠢的家伙！为什么不写东西诽谤我。要是诽谤我，大臣们就不会把他怎么样了。"

"七十个人阴谋反对巴吉尔皇帝，皇帝命令鞭打他们，烧他们的头发和胡子。有一天，一只牡鹿的角钩住了皇帝的腰带，他的一位随从拔剑割开腰带救了他。他命令斩这位随从的头，他说：'因为这个人曾经向着他的君主拔出宝剑。'"[①] 同一个君主能做出这样两种不同的决定，真是不可想象的事！

在我们国家里，如果对一个在大道上行劫的人和一个行劫而又杀人的人，判处同样的刑罚的话，那便是很大的错误。为着公共安全起见，刑罚一定要有一些区别，这是显而易见的。

在中国，抢劫又杀人的处凌迟[②]，对其他抢劫就不这样。因为有这个区别，所以在中国抢劫的人不常杀人。

在俄罗斯，抢劫和杀人的刑罚是一样的，所以抢劫者经常杀人[③]。他们说，"死人是什么也不说的。"

在刑罚没有区别的场合，就应该在获得赦免的希望上有些区别。在英国，抢劫者从来不杀人，因为抢劫者有被减为流放到殖民地去的希望；如果杀人的话，便没有这种希望。

---

① 《君士坦丁堡的长老尼塞浮露斯的历史》。
② 杜亚尔德：《中华帝国志》，第1卷，第6页。
③ 裴里：《大俄罗斯的现状》。

罪刑的赦免在政治宽和的国家是有极大的用处的。君主掌有赦免的权力，如果谨慎地使用的话，是能够产生良好的效果的。专制政体的原则不宽恕人，也不为人们所宽恕，因此就没有这些好处。

第十七节　拷问

因为人类是邪恶的，所以法律不得不假定人类比他们真实的情况要好些。因此，在处罚一切犯罪时，两个证人的证言就已经够了，法律相信他们，仿佛他们说的都是真实的。因此，每一个在婚姻关系中受孕而生的子女，我们都认为是合法的子女，因为法律信任母亲，仿佛她就是贞洁的本身。但是对罪犯使用拷问，则与上述情况有所不同，并不是不可避免的。今天在我们眼前就有一个治理得很好的国家①，它禁止拷问罪犯，但并没有发生任何不便。因此可知，拷问在性质上并不是必要的②。

已经有许多聪明而才华卓绝的人著论反对这个习惯，所以我不敢再谈了。我所要说的是，拷问可能适合专制国家，因为凡是能够引起恐怖的任何东西都是专制政体最好的动力。我所要说的是，希腊人和罗马人的奴隶……，但是我听见大自然的声音呼唤着，反对我③。

---

① 英国。
② 雅典的公民，除犯叛国罪外，不得拷问（黎西亚斯：《反亚果拉特的演说》）。拷问要在定罪后三十天之内进行（古利乌斯·佛都纳都斯：《修辞学》，第2卷）。不得在定罪前作预备性的拷问。至于罗马人，从《茹利安法，婚姻法》第3、4条可以看出，除了叛国罪之外，门第、名位和军职都可使人们免受拷问。请看西哥特人的法律对拷问所加的明智的限制。
③ 这句话的含意是：如果对希腊、罗马的奴隶施用拷问，政局也许会安定些，但是人道主义不许孟德斯鸠这样说。——译者

第十八节　罚金和肉刑

我们的祖先日耳曼人只准许罚金,其余一概不许。这些自由而好战的人民认为,除非是手执武器,他们的血是不应流的。日本人正相反[①],他们反对罚金,他们的借口是:如果用罚金,则有钱人便可以避免处罚了。但是有钱人难道不怕丧失他们的财产么?罚金不能按照财产的比例科处么?而且在罚金之外不能再加上某种耻辱么?

一个好的立法者是不偏不倚的。他并不老是用罚金,也不老是用肉刑。

第十九节　报复刑[②]的法律

专制的国家,喜爱简单的法律,所以大量使用报复刑的法律[③]。政治宽和的国家有时候也准许使用这种法律。但是有不同的地方:前者是严格地执行,后者则时常加上一些和缓的办法。

十二铜表法采用两种和缓办法:第一是,除非没有办法抚慰被害人,绝不判处报复刑[④];第二是,在定罪之后,罪犯可以支付损害赔偿金[⑤],这样,肉刑就变做罚金了[⑥]。

---

① 见康波弗尔:《日本史》。
② 即同态复仇,例如:"以目还目,以牙还牙"。——译者
③ 这是《可兰经》所创立的。见"论牝牛"章。
④ "谁如果打断人们的手足而调解又不能成立时,则应以手足抵偿。"见奥露斯·格利乌斯:《阿的喀夜话》,第20卷,第1章。
⑤ 同上。
⑥ 参照《西哥特人的法律》,第6卷,第4章,第3、5节。

第二十节　子罪坐父

在中国，子女犯罪，父亲是受处罚的。秘鲁也有同样的习惯[①]。这个习惯是从专制思想产生出来的。

如果说，在中国子罪坐父是因为大自然建立了父权，法律并加以增益，而父亲却没有使用他的权力，所以才受到处罚，这种说法是没有多少意义的。子罪坐父这一事实说明"荣誉"在中国是不存在的。在我们的国家，父亲因儿女被判罪，和儿女因父亲被判罪[②]所感到的羞耻，就是严厉的刑罚，严厉得像在中国的死刑一样。

第二十一节　君主的仁慈

仁慈是君主的特色。共和国的原则是品德，所以仁慈不那么必要。在恐怖笼罩着的专制国家，仁慈是罕见的，因为对国内的大人物是用严刑的范例加以约束的。在君主国，仁慈比较必要，因为这种国家是用荣誉来治理的，而荣誉所要求的常常正是法律所禁止的。在这种国家里，羞辱就等于刑罚，甚至裁判的形式就是刑罚。在那里，羞辱来自各个方面，形成了刑罚的一些特殊种类。

在君主国里，羞辱和财产、信用、习惯、享受等的丧失——这种丧失常是想象的——对大人物们已经是很重的刑罚，所以对于他们，酷刑是不需要的。酷刑只能失去臣民对君主的爱戴，失去对职位应有的敬重。

[①] 见加尔基拉梭：《西印度群岛西班牙人内战史》。
[②] 柏拉图说，不要刑及子女，而应该夸奖他们不像父亲那样（《法律》，第9卷）。

专制政体的性质，使专制国家的大人物们的地位极不稳定；而君主政体的性质却使君主国家的大人物们的地位稳固安全。

君主们可以从仁慈获得许多好处，仁慈的君主得到极大的爱戴和光荣，所以当君主有表示仁慈的机会的时候，他们总认为这是一件快乐的事；这在欧洲是常有的。

人们对君主们的某部分权力也许会有争议，但对君主们的全部权力则几乎是不会有争议的。即使有时候君主们要为王冠而战斗，却不必为生命而战斗[1]。

但是人们要问：什么时候应该刑罚？什么时候应该宽赦？这是可以意会而不可以言传的。施仁慈而有危险的时候，是很可以看得出来的。一个君主因为软弱而受到轻蔑，甚至无力执行刑罚；这种软弱和仁慈是容易区别开的。

玛乌列斯皇帝决定永远不流臣民的血。阿那斯塔西乌斯没有惩罚过任何犯罪[2]。以撒·安吉鲁斯立誓在他在位期间不处任何人以死刑。这些希腊的皇帝忘记了，他们佩剑并不只是为了装饰。

---

[1] 意思是：争议是不凶猛的，即使君主失掉王冠也没有生命的危险。——译者
[2] "随达斯断篇"，在《君士坦丁·保尔菲罗折尼都斯文集》内[71]。

第七章　政体原则与节俭法律、奢侈以及妇女身份的关系

第一节　奢侈

奢侈和财富的不均永远是成正比例的。如果全国的财富都分配得很平均的话，便没有奢侈了；因为奢侈只是从他人的劳动中获取安乐而已。

如果要使财富分配平均，法律就只能给每个人以生活上所必需的。如果超过这个限度，就会有人浪费，有人得利，就会产生不均的现象。

如果生活的必需等于某一个一定的金额，奢侈对于那些仅够维持生活的人们来说就等于零；如果某一个人的财产恰巧等于该金额的一倍，那么他的奢侈便等于一；财产等于后者一倍的人，他的奢侈便等于三；如果再加倍，奢侈便等于七；所以假若后面的人的财产老是加倍于前面的人，奢侈的增加便是"一倍加一"，顺序如下：1，3，7，15，31，63，127。

在柏拉图的共和国里，奢侈是可以准确地计算的，那里所建立的财产等级有四种①。第一种恰好就是那个刚刚越出贫穷境界的等级；

---

① 第一种财产是世袭的土地；柏拉图不许他们的其他东西超过这个世袭份额三倍。参看《法律》，第4卷。

第二种加倍；第三种三倍；第四种四倍。第一级，奢侈等于零；第二级等于一；第三级等于二；第四级等于三；就这样地按着数学的比例推进。

如果我们从不同国家人民间的相互关系去考察奢侈的话，我们将看到每一个国家的奢侈是和这个国家的国民之间的财富不均，与不同国家之间的财富不均成复比例的。比方说在波兰，国民财产是极端不平等的，但是整个国家的贫穷使这个国家不能像较富裕的国家那样的奢侈。

奢侈又和城市尤其是和京都的大小成正比例。因此，奢侈是和国家的财富、私人的财产和集中于某些地方的人口三者成复比例的。

人烟越稠密，居民便越好虚荣，越想要在细小的事情上表示出与众不同[①]。如果人口很多，以致居民之间多半不相认识，则想出类拔萃的虚荣心就会加倍，这是因为有较多成功的希望。由于奢侈给人以这种希望，所以每个人都装出身份优越的样子，但因为每个人都想要超群出众，结果人人都变成一个样子，就很难显得特殊了；谁都想受到尊敬，所以谁都受不到尊敬。

因为这个缘故，人们便普遍地感到一种不便。那些在某一行业有特殊才能的人，便对自己的技能随意定价；才能较小的人也就仿效他们的榜样；结果需要和财力便失去了协调。当我不得不打官司的时候，我就必须有钱请律师；当我患病的时候，我就必须请得起医生。

有一些人认为，都市人烟稠密，会减少商业的活动，因为居民不

[①] 《蜜蜂的故事》的作者曼德维尔（第1卷，第133页）说，在一个大城里人们穿着比自己的品级还高的服装，要使群众给他们比自己实际应得的还多的尊敬。这对一个精神软弱的人，是一种快乐，可以和一切欲望都得到满足的快乐相比拟。

再分开居住。我对此不以为然，因为人口集中在一起，便有更多的欲望，更多的需要，更多的幻想。

第二节 民主政治的节俭法律

我刚才提到，在一个财富平均的共和国里，是不可能有奢侈的；我们在第五章看到①，这种分配的均等是共和政体的优越之点。因此，一个共和国，奢侈越少，便越完善。初期的罗马人不奢侈；拉栖代孟人不奢侈；在平等没有完全丧失的共和国里，商业、劳动和品德的精神使每一个人能够而且愿意依靠自己的财产生活，结果就没有什么奢侈了。

有些共和国热烈地要求重新分配土地的法律。这种法律从性质来说是有益的。这些法律只有在操之过急的时候才会发生危险。突然把某些人的财富减少，突然把另外一些人的财富增加，这就构成每一个家庭的革命，也必然产生全国的一般性的革命。

在一个共和国里，如果奢侈之风已经树立了，人心也就随着转向私人利益。如果我们只许享有生活必需品的话，那么我们除自己和祖国的光荣而外便没有什么可以追求了。但是一个被奢华腐蚀了的灵魂，它的欲望是很多的，它很快就成为拘束它的法律的敌人。列基姆的卫戍部队开始过奢侈生活，是他们屠杀居民的原因。

罗马人一腐化，欲望立即变得漫无边际。这从他们那时所定的物价，便可以想见。一瓶法烈因酒②，卖一百罗马逮那利。旁都斯王国

---

① 第3、4节。
② 君士坦丁·保尔菲罗折尼都斯《品德与邪恶》所引狄奥都露斯《历史文献》第36卷断篇。

的咸肉，一桶要四百逮那利；一个好厨师的工资四百达伦特；青年侍童的工资更没有限量。在一个急趋腐化的情势下，人人都倾向于奢侈淫逸①的时候，还有什么品德可说呢？

第三节　贵族政治的节俭法律

在体制不完善的贵族政治的国家有这样一种不幸的事，就是贵族们虽然有财富，但是不许他们任意花费；和节制的精神相违背的奢侈必须摒弃，因此，这种国家只有一种得不到财富的极穷的人和一种很有钱但不得任意花费的富人。

威尼斯的法律强迫贵族过朴素的生活。贵族们便很习惯于吝啬，以致只有那些高等妓女们能够让他们花钱。人们就是用这种方法去支持工艺的。那里最可鄙的妇女花钱而没有危险，但是那些供给她们挥霍的人们自己却要过着最幽暗的日子。

希腊那些好的共和国在这方面有着优良的法制。有钱的人把钱用在节日、歌咏团、车辆、赛马和开支较大的官职上。所以在那里，富裕和贫穷同样地是一种负担。

第四节　君主政体的节俭法律

塔西佗②说："遂安人——一个日耳曼族——崇拜财富；所以他们生活在一君统治的政体之下。"由此我们可以看到，奢侈对于君主

---

① "一切冲动以淫欲为最大。"《品德与邪恶》所引狄奥都露斯《历史文献》第36卷断篇。
② 《日耳曼人的风俗》，第44章。

政体特别合适，也可以看到，君主政体并不需要节俭法律。

因为按着君主政体的政制，财富的分配很不平均，所以奢侈是很必要的，要是有钱人不挥霍的话，穷人便要饿死。在这种国家里，财富越不均，富裕的人们的花费就应该越大，又如我们已经说过的，奢侈也应该按这个比例增加。私人的财富是通过剥夺了一部分公民的生活必需品才增加的，因此必须把剥夺的东西归还他们。

既然如此，要保存一个君主政体的国家，奢侈的程度就应该从农夫到手工业者，到大商人，到贵族，到官吏，到显赫的王公，到大包税人，到君主本身，一层一层地增加。否则一切就都完了。

罗马的元老院是由庄严的官吏、法学家和头脑充满原始时代思想的人所组成的；当奥古斯都在位时，元老院有人建议，应该矫正妇女的风俗和奢侈。在狄欧的著作①里，我们看到这位君主那样巧妙地避开了元老们烦琐的要求，不能不感到惊奇。奥古斯都所以这样做，是因为他正在建立君主政体，瓦解共和政体。

提贝留斯在位的时候，市政官们在元老院建议恢复古时的节俭法律②。这位有卓见的君主反对这个提议说："有这种法律的话，在目前情形下国家便不能生存。罗马怎么能够生存呢？各省怎么能生存呢？过去，当我们只是一个城市的公民时，我们是俭朴的；现在，我们消费着整个宇宙的财富；所有的主人和奴隶都在为我们劳动。"他清楚地看到，节俭法律已不再需要了。

也是这个皇帝在位的时候，元老院还有人建议应禁止各省长官携带他们的妻室到省里去，因为她们会给省里带来放荡的风气。这个建

---

① 狄欧·卡西乌斯：《罗马史》，第54卷，第16章。
② 塔西佗：《史记》，第3卷，第34章。

议未被采纳。据说是:"古人严肃的典范已经被改变为较惬意的生活方式"①。人们感到需要另一种风俗了。

因此,奢侈在君主国是必要的;在专制国家也是必要的。在君主国,奢侈是人们享受他们从自由所得到的东西;在专制国家,奢侈是人们滥用他们从奴役中所得到的好处。当一个主人委派一个奴隶去对其他的奴隶进行暴虐统治的时候[72],这个被派的奴隶对于明天是否还能享受今天这样的幸福是不得而知的,所以他唯一的快乐就是满足于目前的骄傲、情欲与淫逸。

从这一切,我们获得一个看法,就是:共和国亡于奢华;君主国亡于穷困②。

第五节　在什么情况下节俭法律对君主国有用

十三世纪中叶,阿拉贡或者是依据共和国的精神或者是由于其他特殊的情况,制定了节俭法律。詹姆斯一世规定,无论是国王或是他的任何臣民,除了自己猎获的东西而外,每餐不得有两种以上的肉食,而且每种肉食只能用一种烹调法③。

在我们今天,瑞典也制定了节俭法律,但是立法的宗旨和阿拉贡不同。

一个政府可以制定节俭法律来达到"绝对的节俭"的目的。这就是共和国节俭法律的精神;从事情的性质本身去看,阿拉贡的节俭法

---

① "古人许多严厉的规定已经轻松了许多。"见塔西佗《史记》,第3卷,第34章。
② "富贵不久即产生贫穷。"见佛洛露斯:《历史概要》,第3卷,第12章。
③ 1234年詹姆斯一世宪法第6条,见《西班牙的痕迹》,第1429页。

律的宗旨就是这样。

有时候，一个国家看到外国商品的价格很高，就要求输出许多本国的商品，以致因本国商品的输出所造成的必需品的缺乏不能由外国商品的输入得到补偿，它便完全禁止外国商品的输入。在这种场合，节俭法律也可以达到"相对的节俭"的目的。这就是今天的瑞典所制定的节俭法律的精神[1]。这是唯一适合于君主国的节俭法律。

一般地说：一个国家越穷，它的"相对的奢侈"便越能摧毁它，因此它便越需要"相对的节俭法律"。一个国家越富，它的"相对的奢侈"便将使它更富，因此，它应该特别谨慎，不要制定"相对的节俭法律"。关于这点，我们在本书商业章中将要更好地加以解释[2]。这里只论述"绝对的奢侈"问题。

第六节　中国的奢侈

有些国家，由于特殊理由，需要有节俭法律。由于气候的影响，人口可能极多，而且在另一方面生计可能很不稳定，所以最好使人民普遍经营农业。对于这些国家，奢侈是危险的事；节俭的法律应当是很严格的。因此，要知道一个国家应该鼓励或是应该禁止奢侈，首先就要考查那里人口的数目和谋生的道路二者间的关系。在英国，土地出产的粮食可以供给农民和衣物制造者们食用而绰有余裕，所以它可以有些无关紧要的工艺，因而也可以有奢侈。法国生产的小麦也足以维持农民和工人们的生活。加之，对外贸易可以输入许多必需品来和

---

[1] 瑞典禁止美酒及其他珍贵的商品。
[2] 参看《波斯人信札》，第106页。又见本书第20章，第20节。

115

它的无关紧要的东西交换，所以用不着惧怕奢侈。

中国正相反，妇女生育力强，人口蕃衍迅速，所以土地无论怎样垦植，只可勉强维持居民的生活。因此在中国，奢侈是有害的，并且和任何共和国一样，必须有勤劳和俭约的精神①。人民需要从事必需的工艺，而避免那些供人享乐的工艺。

中国皇帝们的美丽的诏书的精神就是如此。唐朝一位皇帝②说："我们祖先的训诫认为，如果有一男不耕，一女不织，帝国内便要有人受到饥寒。……"③依据这个原则，他曾命令毁坏无数的寺庙。

第二十一朝代的第三个皇帝④在位时，有人把在一个矿山获得的一些宝石献给他，他命令关闭那个矿山，因为他不愿意为一件不能给人民吃又不能给人民穿的东西，叫人民工作、劳累。

建文帝⑤说："我们很是奢华，连老百姓不得不出卖的儿女的鞋子也要绣上花。"⑥用好些人来替一个人做衣服，这是不是使许多人免于缺少衣服的方法？一个人种地，十个人吃土地的出产，这是不是使许多人免于饥饿的方法？

第七节　中国因奢侈而必然产生的后果

中国在历史上有过二十二个相连续的朝代，也就是说，经历了

---

① 在中国，奢侈经常被取缔。
② 唐高祖。——译者
③ 谕旨，载杜亚尔德：《中华帝国志》，第2卷，第497页。
④ 明永乐帝。——译者
⑤ 《中国史，第二十一朝代》，载杜亚尔德的著作第1卷。
⑥ 《谈话》，载杜亚尔德的著作第2卷第418页。

二十二次一般性的革命——不算无数次特别的革命。最初的三个朝代历时最久,因为施政明智,而且版图也不像后代那么大。但是大体上我们可以说,所有的朝代开始时都是相当好的。品德、谨慎、警惕,在中国是必要的;这些东西在朝代之初还能保持,到朝代之末便都没有了。实际上,开国的皇帝是在战争的艰苦中成长起来的,他们推翻了耽于逸乐的皇室,当然是尊崇品德,害怕淫逸;因为他们曾体会到品德的有益,也看到了淫逸的有害。但是在开国初的三四个君主之后,后继的君主便成为腐化、奢侈、懒惰、逸乐的俘虏;他们把自己关在深宫里,他们的精神衰弱了,寿命短促了,皇室衰微下去;权贵兴起,宦官获得宠信,登上宝座的都是一些小孩子;皇宫成为国家的仇敌;住在宫里的懒汉使劳动的人们遭到破产,篡位的人杀死或驱逐了皇帝,又另外建立一个皇室,这皇室到了第三、四代的君主又再把自己关闭在同样的深宫里了。

第八节 妇女的贞操[73]

妇女们失掉了品德,便会有许多的缺点继之而来,她们的整个灵魂将会极端堕落;而且在这个主要之点失掉以后,许多其他方面也会随之堕落;所以在平民政治的国家,淫乱之风就是这种国家最后的灾祸,它预示该国的政制必将变更。

所以共和国良好的立法者总是要求妇女要有一定程度的庄重的美德。这些立法者在他们的国家里不但摈斥了邪恶,而且连邪恶的外表也在摈斥之列。风流情场中的交际产生怠惰,使妇女甚至在自己未堕落之先就成为使人堕落之人;这种交际把一切无聊的东西当做有价值的东西,对重要的东西反而加以贬抑;最后,这种交际使人完全依照揶揄戏弄的处世法则行事。妇女们在揶揄戏弄的处世法则上是非常高明的。良好的立法者是连这种风流情场中的交际也全都加以摈斥的。

第九节 各种政体下妇女的身份地位

在君主国里,妇女很少受到拘束,因为爵位品级的关系,她们可以出入宫廷,因而她们在宫廷里采取无拘束的自由风度,在宫廷里,几乎只有妇女的这种无拘束的自由风度是被容许的。每一个朝臣都利用妇女的美色和感情来增进自己的富贵。妇女本身的软弱,不容许她们傲慢,但容许她们有虚荣心;奢侈总是同妇女一道支配着朝廷。

在专制国里,妇女并不产生奢侈,但她们本身却是奢侈的对象。他们应当绝对地是奴隶。每一个人都遵从政体的精神,并且把他从别处看到的既成的习惯带到家庭里来。因为法律很严厉,并且执行得很急速,所以人们怕妇女的自由放纵会给他们带来麻烦。她们的争吵,她们的轻率,她们的憎恶,她们的爱好,她们的嫉妒,她们的愠怒,以及这些细小心灵所具有的吸引大人物兴趣的那种艺术,在这种国家里,都不能不带来恶果。

不但如此,这些国家的君主玩弄人性,所以拥有好些妇女。由于千百种的考虑,君主们不能不把她们都幽闭起来。

在共和国里,妇女在法律上是自由的,但是受风俗的奴役。那里摈斥奢侈,腐化和邪恶也一齐被摈斥。

在希腊各城市的生活里,宗教并不认为男人之间风俗的纯正也是品德的一部分;一种盲目的邪恶疯狂无羁地支配着这些城市,情爱是用一种我们不敢说出口的形式表现出来的；而婚姻则只是单纯友谊而已①。那里的妇女却很有品德；她们是那样质朴、贞洁，我们几乎从来不曾看到其他民族在这方面有更好的风纪②。

第十节　罗马人的家庭法庭

　　罗马人不像希腊人那样特设职官来监督妇女的行为。监察官监视她们，和监视共和国内其他的人是一样的。家庭法庭③的制度就起着希腊特设职官④的作用。

　　丈夫召集妻的亲族，在他们的面前审讯自己的妻子⑤，这种法庭维持了共和国的风俗。但是这些风俗又维持了这种法庭。这种法庭不但审判违背法律的问题，而且也审判违背风俗的问题。那么要审判违背风俗的问题，就必须有风俗的存在。

　　这种法庭的刑罚就不能不是武断的，而且，实际上就是如此。因为一切关于风俗、一切关于贞洁准则的东西，几乎是不可能用一个法典去包罗净尽的。用法律规定我们对别人应尽什么义务，是容易的；

---

① 普卢塔克[74]说："至于真正的爱情，女人是没有份的。"见他的《道德著述》的"论爱情篇"第600页。他是用他的时代的体裁叙述的。参阅色诺芬所著以《希埃罗》为题目的对话。
② 雅典专设一职官，监视妇女们的行为。
③ 罗慕露斯曾建立这种裁判所。见狄欧尼西乌斯·哈利卡尔拿苏斯：《罗马古代史》，第2卷，第96页。
④ 在狄特·李维《罗马编年史》第39卷里，可以看见对酒神祭日图谋不轨案就使用过这种裁判所。人们把那些"败坏妇女和青年风俗的聚会"叫做"图谋不轨危害共和国"。
⑤ 从狄欧尼西乌斯·哈利卡尔拿苏斯《罗马古代史》第2卷，可以看见，按照罗慕露斯的法制，普通案件由丈夫单独一人当妻子的亲族面前进行裁判。但是重罪的案子，丈夫要和妻子的亲族五人会审。因此，乌尔边《法律和拜星教》第6篇第9、12、13各节，关于风俗的裁判，把重案和轻案，即所谓 mores graviores 和 mores leviores 分开。

119

但是用法律去包罗我们对自己应尽的一切义务,是困难的。

家庭法庭监视着妇女们的一般行为。但是有一种犯罪,除了受到这种法庭的谴责而外,还要受到公诉。这种犯罪就是奸淫。这或者是因为这样严重地败坏一个共和国的风俗,不能不引起政府的关心;或者是因为妻子的乱行可能使人怀疑丈夫也有乱行;或者是因为人们害怕如果不这样的话,即连诚实人也要隐瞒这个罪行,而不愿使它受到惩罚,或是佯作不知,而不愿进行报复。

第十一节　罗马的法律怎样随着政体而改变

必须先有风俗,然后才有家庭裁判,才有公诉。因此风俗败坏,家庭裁判和公诉也就废弛了;如果共和国灭亡,这二者也就完结了①。

常设的审判制度建立了,也就是说,裁判官们之间划分了管辖权的范围。裁判官们亲自审理一切讼案②的习惯又日渐地形成了起来。这就削弱了家庭裁判的作用。这种情况的出现曾使史学家们感到惊异。史学家们认为提贝留斯让这种家庭法庭进行审判是奇怪的事情,是古代诉讼程序的重现。

在建立了君主政体和改变了风俗以后,公诉制度也就取消了,这是由于害怕诡谲之徒因为受到妇女的轻视感到刺激,受到她的拒绝感到气愤,甚至她的品德也激怒了他,便设计要陷害她。菇利安法规定,在控诉丈夫袒护妻子的放荡行为之先,不得控诉妻子的奸

---

① "关于风俗的审判,是旧时法律规定的,因为不常用,就完全废弛了。"《法典,休妻》,第2卷,第2节。
② 当时叫做"特殊审判"。

淫罪，这个规定大大地限制了这类的控诉，并且可以说，竟是消灭了这类控诉①。

塞克司图斯五世似乎愿意恢复公诉②。但是如果我们稍为想一下，便将知道这类法律对任何一个君主国都不适宜；对像他那样的君主国更不适宜。

第十二节　罗马对妇女的监护

按照罗马的法制，除了那些处在丈夫权威下的妇女③而外，所有妇女都受着永久性的监护。最近的男性亲属受有这种监护权。从一句粗鄙的俚语④来看，这对妇女似乎是很不方便的。这种法制对于共和国是好的，但是对于君主国则完全没有必要⑤。

从野蛮人的法典来看，古日耳曼的妇女似乎也是受永久性的监护的⑥。这个习惯又流传到古日耳曼族所建立的君主国家，但并未长期存在。

第十三节　罗马皇帝所设立的对妇女淫乱的刑罚

茹利安法规定了对奸淫罪的刑罚。但是这个法律和此后所制定的

---

① 君士坦丁把这类控诉完全取消了。他说："使安静的家庭受到胆大妄为的外人的搅扰，是不妥当的。"
② 塞克司图斯五世谕令，凡不将自己妻子的放荡行为向他控告的处死刑。见列地：《塞克司图斯五世传》。
③ 这句话的拉丁原文是："除非她们置身于男子的保护管束之下。"
④ 这句拉丁俚语是："我求你不要当我的叔父！"
⑤ 奥古斯都在位的时候，巴比恩法规定，有了三个儿女的妇女则免除这种监护。
⑥ 这种监护，日耳曼人叫做 Mundeburdium。

121

关于这方面的法律，远远不是风俗纯正的标志，而是风俗败坏的标志。

到君主政体的时候，关于妇女的整个政治制度改变了。问题已不再是为妇女树立纯洁的风俗，而是惩罚她们的犯罪。人们制定新法惩罚妇女的犯罪，只是因为他们不再惩罚那些不属于这种犯罪范围的越轨行为了。

因为风俗已败坏到可怕的程度，所以罗马的皇帝们不得不制定一些法律对淫乱行为略加制止。但是他们对于风俗无意进行一般性的改革。关于这点，历史家们所叙述的确切事实是有力的证据；所有这些法律虽然可以证明相反的情况，但是这个证明是没有力量的。我们在狄欧的著作里可以看到奥古斯都在这件事上的行动，并且可以看到他在任执政官和监察官的职务时，是怎样巧妙地避开人们向他所提出的要求的[①]。

我们在历史学家的著作中看到，奥古斯都和提贝留斯的朝代曾对几个罗马贵妇人的淫乱行为做出严峻的判决；不过这些判决不但使我们看到这两个朝代的精神，同时也告诉我们这类判决的精神。

奥古斯都和提贝留斯主要的意图是要惩罚他们自己的女亲属的淫乱行为。他们所惩罚的并不是风俗的败坏，而是他们臆造的所谓亵渎罪或是大逆罪[②]。他们想以此来提高帝威，来报私仇。因此，罗马的

[①] 有一次人们把一个青年带到奥古斯都面前。这个青年曾和一个同他有过不正当来往的女人结了婚。奥古斯都犹豫了好久，对这种事情既不敢赞同，也不愿加以惩罚。最后，镇定下来说："反乱是这些大坏事的根源。让我们忘掉这些事吧！"（狄欧：《罗马史》，第59卷，第16章）。元老院要求他定些整饬妇女风纪的法规，他巧妙地避开了这个要求；他告诉元老们说，他们应惩戒他们的妻子如同他惩戒自己的妻子一样。元老们请求他说明他怎样对待他的妻子（我想提这个问题是很不明智的）。

[②] "对一种已成为男女间很普遍的过错加它以亵渎罪和大逆罪这种严重的罪名，这就越出了我们的祖先们仁慈的界限和该帝自己所定的法律，"[75甲]塔西陀：《史记》，第3卷，第24章。

著作家纷纷起来竭力反对这种暴政。

茹利安法用轻刑①。罗马的皇帝们主张法官在裁判时对他们所制定的法律规定的刑罚,须要加重。这是历史家们痛加谴责的主题。罗马的皇帝们所注意的不是这些妇女是否应当处刑,而是她们是否违背法律,以便加以处罚。

提贝留斯最显著的暴政之一,就是滥用古法②。当他想要对某一个罗马贵妇人处以比茹利安法所规定的更重的刑罚时,他便恢复了家庭法庭③。

这些关于妇女的条款只用于元老院元老们的家庭,不适用于普通人民的家庭。要控告大人物们是需要一些借口的。贵妇人的放荡行为可以供给人们无数的借口。

总之,我在前面指出,风俗的纯正不是一君执政的政体的原则;这可以在罗马最初的那些皇帝的朝代获得最好的证明。谁要是有怀疑,只要一读塔西佗、苏埃多尼乌斯、茹维纳尔、马尔西阿尔等人的著作,就够了。

第十四节　罗马人的节俭法律

我们谈过了的淫乱所以成为风气,是因为它和奢侈是不可分的,奢侈总是跟随着淫乱,淫乱总是跟随着奢侈。如果你随心所欲,又怎

---

① 该法在《罗马法汇编》内有引述,但是没有谈到刑罚。据推断,只是"放逐"而已,因为血族相奸的刑罚仅仅是"终身流刑"。参看该法"诉讼""谁娶寡妇"等篇。
② "提贝留斯的一个特色就是用古代的术语,去伪装新的罪行"。[75乙]塔西佗:《史记》,第4卷,第19章。
③ 同上书,第2卷,第50章[76]。

123

能压制思想上的弱点呢?

在罗马,除了一般性的法制而外,监察官们还让官吏制定一些特别法规,以保持妇女俭朴的风尚。法尼安法、利基尼安法、欧比安法,都是以此为目的[77]。我们在狄特·李维的著作①里,可以看到,当妇女们要求废除欧比安法的时候,元老院非常激动。瓦列利乌斯·马克西穆斯废除了这个法律,给罗马人开创了奢侈的时代。

第十五节　不同政制下的妆奁和婚姻上的财产利益

在君主国里,妆奁应该要多,使丈夫能够维持他的品级和既有的排场。在共和国里,奢侈不得占统治地位,所以妆奁应该适中②;但是在专制国家里,应该差不多没有妆奁,因为那里的妇女多多少少都是奴隶。

法兰西法律所采用的夫妻财产共有制是很适合君主政体的;因为这种制度使妇女关心家庭的事务,并且使她们仿佛是不得不照料家庭。在共和国,这种制度就不那么合适了,因为那里的妇女有较多的品德。但是在专制国家,这种制度就是荒谬的,因为在这种国家里,妇女们本身就是主人的财产的一部分。

妇女由于所处的地位,本来就倾心于婚姻,所以法律让她们从丈夫的财产中获取利益,是没有意义的。而在共和国里,妇女从丈夫的财产取得利益则是非常有害的,因为妇女拥有私有的财富,会产生奢

---

① 《罗马编年史,第四代史》,第4卷。
② 斯特拉波在他的著作《地志》第4卷中说,当时最明智的共和国是马赛。它规定,妆奁不得超过银元一百、衣裳五件。

侈。在专制的国家，从婚姻所获得的利益，最多只应当是足够维持她们的生活。

第十六节　撒姆尼特人的一种良好习惯[78]

撒姆尼特人有一个习惯。这个习惯在一个小共和国里，尤其是在像他们那样的一个共和国里，一定曾经产生过极好的效果。他们把所有的青年都召集在一起，进行评定。那个被宣布为所有青年中最好的青年便可娶他所喜欢的女子为妻；在他选择以后，得次多数票的青年接着进行选择，这样顺序选择下去①。这种办法是值得赞美的，因为在青年的财产中，人们只看见他们的优良品质和对国家的贡献。那个最富有这种财产的青年便可从全国中选择一个女子。爱情、美貌、贞洁、品德、出身，甚至财富，这一切，可以说全都成为品德的妆奁了。人们很难再想出一个比这更高尚、更庄严的奖励办法了。这种办法对一个小国来说负担很轻，而对男女两性影响却很大。

撒姆尼特人是拉栖代孟人的后裔。柏拉图设定了差不多同样的法律②。柏拉图的法制只是莱喀古士法典的改进而已。

第十七节　妇女执政

按照埃及人的习惯，妇女在家庭当家做主，是违反理性和自然的[79]，但是妇女治理一个国家则不然。在家庭里，因为妇女体质软弱，

---

① 《君士坦丁·保尔菲罗折尼都斯文集》所辑斯托抱斯的"尼古拉斯·大马塞奴斯断篇"。
② 他甚至准许男女青年时常会面。

125

所以不能获得优越的地位；但是在治国的场合，一般地说，妇女正是因为软弱，所以较为仁厚宽和；这比严峻残暴的性格更能施行善政。

印度各地，妇女执政，人们非常满意。那里规定如果男性继承人的母亲不是王族血统的话，便由同王族有血统关系的母亲所生的女儿继承王位①。此外又设置一些人辅助她们担负治国的重任。斯密士说②，在非洲，妇女执政，人们也很满意。如果我们再看看俄罗斯和英国的事例，我们便看到妇女们执政无论在宽政或暴政的国家都一样地获得了成功。

---

① 《耶苏会士书简集》，第14辑。
② 《几内亚旅行记》第2篇"论黄金海岸上的安哥那王国"。

第八章 三种政体原则的腐化

第一节 本章的大意

各种政体的腐化几乎总是由原则的腐化开始的。

第二节 民主政治原则的腐化

民主政治原则腐化的时候，人们不但丧失平等的精神，而且产生极端平等的精神，每个人都要同他们所选举的领导他们的人平等。这时候，人民甚至不能容忍他们所委托给人的权力。无论什么事情他们都想自己去做，要替元老院审议问题，替官吏们执行职务，替法官们判决案件。

这样，共和国里就不再有品德了。人民要执行官吏的职务，官吏不再受尊重了。元老院的审议无足轻重了；对元老们毫不尊重，结果也不敬重老人了。对老年人如果不尊重，也必然不能孝敬父亲；无须再顺从丈夫，也无须再服从主人了。谁都喜欢这种放纵，指挥和服从给人们的拘束同样使人们感到厌烦。妻子、儿女、奴隶，对谁也不服从。不再有风纪，不再爱秩序，最后，也不再有品德了。

在色诺芬的《盛筵记》[80]里，我们看到一段记载，极生动地描写一个共和国的人民怎样地滥用他们的平等。每一个客人轮流地叙述自己所以满足的理由。查米德斯说："我满足，因为我贫穷。当过去我富裕的时候，我不能不阿谀那些告密者，因为我知道被他们陷害的机会多，而陷害他们的机会少。共和国经常向我要求新税，我老也不能走开。我现在已经贫穷，我倒获得了威权；没有人恐吓我，我倒可以恐吓别人。我要走开就走开，要待着就待着。有钱的人从他们的席位上站起来，并给我让路。我过去是奴隶，现在是君王。我过去要向共和国纳税，现在共和国要养活我。我再不用怕丢失什么，但希望获得什么。"

当人民所信托的人们为了要隐蔽自己的腐化，而企图腐化人民的时候，人民便陷入这种不幸之中。他们向人民只谈人民的伟大，来掩盖他们自己的野心；他们不断地赞许人民的贪婪，来隐蔽他们自己的贪婪。

"腐化"将要在"腐化别人的人们"之中增长，也将在"已被腐化了的人们"之中增长。人民将要分享一切公共的钱财。他们办事懒惰，他们贫穷，又要奢侈享乐。但是他们既懒惰又奢侈，那就只有国库可以作为他们追求的目标了。

当我们看到选票可以卖钱的时候，不应当感到惊奇。要向人民进行博施，就得向人民勒索更多的东西；但是要从人民那里勒索东西，就得颠覆国家。人民从他们的自由中所获得的东西越显得多，他们便越接近应该丧失自由的时候了。于是就形成了许多小暴君；这些小暴君具有单一的暴君所有的一切邪恶。人民残存着的一点自由，不久也成为不可容忍的东西；这时就产生了单一的暴君；人民便将丧失他们的一切，连腐化的好处也丧失了。

因此，民主政体应该避免两种极端，就是不平等的精神和极端平等的精神。不平等的精神使一个民主国走向贵族政治或一人执政的政体；极端平等的精神使一个民主国走向一人独裁的专制主义，就像一人独裁的专制主义是以征服而告结束一样。

诚然，那些腐化了希腊各个共和国的人们并没有都变成暴君。这是因为他们喜爱雄辩甚于喜爱武艺。不但如此，每一个希腊人，在他的心灵中，对那些颠覆共和政体的人们都怀着深刻的憎恨。因为这个缘故，无政府状态便由恶化而走向毁灭，并没有变为暴政。

但是，西拉库赛位于许多小邦之中，这些小邦由寡头政治变为暴政①；西拉库赛有一个元老院②，但历史几乎极少提到它；西拉库赛经历了一般腐化的国家所罕见的苦难。这个城市，一直处在放肆③或压迫之中。它的自由和它的奴役同样地给它痛楚。自由和奴役简直像暴风雨似的，交替地袭击着它。虽然它在外表上像是很有力量，但是一个最微小的国外的力量却经常能让它发生革命。这个城市拥有众多的人民；残酷的命运只许它的人民就这两条道路之中选择一条，就是：产生一个暴君，或是自己当暴君[81]。

第三节 极端平等的精神

平等的真精神和极端平等的精神的距离，就像天和地一样。平等

---

① 见普卢塔克：《提摩龙与狄欧传》。
② 这就是狄奥都露斯《历史文献》第19卷第5章所说的"六百人的元老院"。
③ 在驱逐了暴君们之后，他们让外国人和雇佣兵当公民，因而引起了内战。见亚里士多德：《政治学》，第5卷，第3章。由于人民的力量使得抗御雅典的战争获得了胜利之后，共和国的体制改变了。见同书，第4章。一个青年的官吏甲把青年官吏乙的小孩拐走，乙则诱奸甲的妻子，甲乙二人纵情之日也就是共和国的体制完结的时候。见同书，第7卷，第4章。

的真精神的含义并不是每个人都当指挥或是都不受指挥；而是我们服从或指挥同我们平等的人们。这种精神并不是打算不要有主人，而是仅仅要和我们平等的人去当主人。

在原始时代，人一生出来就都真正是平等的，但是这种平等是不能继续下去的；社会让人们失掉了平等，只有通过法律才能恢复平等。

一个管理得好的民主国家和一个管理得不好的民主国家是很有区别的；在前者，人们只在公民的身份上是平等的；但是在后者，人们还在官吏、元老、法官、父亲、丈夫、主人等各种身份上也都是平等的。

"品德"的自然位置就在"自由"的近旁，但是离开"极端自由"和"奴役"却都是同样地遥远。

第四节　人民腐化的特殊原因

巨大的成功，尤其是人民有了巨大贡献的成功，将使人民骄傲自满，以致不可能再领导他们。他们嫉视官吏，进而变为对一切官职的嫉视；他们敌视执政的人，不久又变成了政治制度的敌人。就是这样，沙拉米斯海峡对波斯作战的胜利，腐化了雅典共和国[1]，就是这样，雅典人的失败毁灭了西拉库赛共和国[2]。

马赛共和国从来没有经历过这种从卑微过渡到强盛的巨大事件。所以这个共和国老是明智地治理着自己，并保持了自己的原则。

---

[1] 亚里士多德：《政治学》，第5卷，第4章。
[2] 同上。

第五节　贵族政治原则的腐化

如果贵族们的权力变成了专横的话,贵族政治就腐化了。因为如果这样,无论是治者或被治者就不会再有任何品德可说了。

如果进行统治的各家族遵守法律的话,那就等于一个由好几个君主统治的君主国,并且是一个在性质上极为优良的君主国;差不多所有这些君主都受到法律的约束。如果这些家族不遵守法律的话,那就等于一个由许多暴君统治的专制国家。

在贵族不守法的场合,只在贵族关系上,只在贵族与贵族之间,才有共和国可说。国家对于治者来说是共和国,对于被治者来说则是专制国。这就形成了两种最不和谐的集体。

当贵族成为世袭的时候,贵族政治的腐化就已到了极点[①];在这时候贵族们几乎不可能有任何政治宽和可说。如果他们人数少的话,他们的权力就大些,但是他们的安全就少些。如果他们人数多的话,他们的权力便少些,他们的安全就大些。这样,当权力不断增加,安全便逐渐减少,一直到暴君出现的时候,无限的权力和极端的危险都集中于暴君一人的身上。

因此,在世袭贵族制的国家,贵族多的话,政治就不那么暴戾,但是由于品德较少,他们的精神便陷于无所思虑、懒惰和疏略,国家便将因此不再有力量与活力[②]。

一个贵族政治的国家,如果它的法律能使贵族们感到指挥的危险和劳苦多于指挥的快乐的话;如果国家的处境,使它经常有所畏惧,

[①] 贵族政治变成寡头政治。
[②] 威尼斯用法律去纠正世袭的贵族政治所产生的不便,它是在这方面做得最好的共和国之一。

虽无内忧，却有外患的话，那么贵族政治原则的力量就能维持下去。

君主国家需要有一定的自信，才能获得光荣与安全。反之，共和国却需要有所畏惧[①]。对波斯人的畏惧使希腊的法律得到了维持。迦太基和罗马因互相畏惧而都成了强国。真是怪事！这些国家越安全，就越像死水一样，不能不腐败！

第六节　君主政体原则的腐化

当人民夺去了元老院、官吏和法官的职权的时候，民主政治便归灭亡；当君主逐渐地剥夺了团体的或城市的特权的时候，君主政体也就腐败了。前一种情况导向"多人的专制主义"；后一种情况导向"一人的专制主义"。

一个中国的著者说："秦朝和隋朝灭亡的原因是：君主们不愿像古人一样，仅仅行使一般性的监督——这是一个元首所应当做的唯一事务——而是事事都要自己直接管理。[②]"在这里，这位中国的著者几乎把所有的君主国所以腐败的原因都告诉了我们。

当一个君主认为他应该改变而不应遵循事物的秩序，才更能表现他的权威的时候；当他剥夺某一些人的世袭职位，而武断地把这些职位赏赐给另一些人的时候；当他喜欢一时的意欲胜于他的意志的时候；君主政体就要毁灭了。

[①] 查士丁尼认为雅典人品德沦丧是由于爱巴米农达斯的死。他们既不再有好胜之心，便把收入都用在宴会和庆祝等事上，"常常只顾晚饭而不顾营垒"。于是马其顿人就从无声无息之中挺身而出了。见《世界史纲》，第6卷，第9章。
[②] 杜亚尔德：《中华帝国志》，第2卷，第648页，引自明代著述。

当一个君主事必躬亲,把全国的事集中在首都,把首都的事集中在朝廷,把朝廷的事集中在自己一身[82]的时候,君主政体也就毁灭了。

最后,还有一种情形,君主政体也要毁灭,就是君主误解了自己的权威、地位和人民对他的爱戴;他不完全相信一个君主应该认为自己是处在安全之中,正如一个暴君应该认为自己是处在危险之中一样。

第七节 续前

当头等的品爵只是头等奴役的标志的时候;当大人物丧失了人民的尊敬,成为专横权力的卑鄙工具的时候;君主政体的原则就已经腐化了。

当颁发的荣赏和荣誉的性质相矛盾的时候;当恶名[①]和品爵[83]可以同时放到一个人的身上去的时候;君主政体的原则更是腐化了。

当君主把公正变为严酷的时候;当君主像罗马的皇帝们一样,把梅都萨——希腊神话里的魔女——的头颅挂在胸前来恫吓人[②]的时候;当他做出恐吓和可怖的神气,像康莫都斯让人刻在他的石像上的那种神气[③]的时候;君主政体的原则也就腐化了。

此外,当特别卑鄙的人们从奴颜婢膝中获致显贵而引以为荣的时候;当他们认为对君主负有无限义务而对国家则不负任何义务的时候;

[①] 提贝留斯在位时为告密者雕像,并颁给他们胜利奖饰,而大大贬低了这些荣赏的价值,以致那些真正应得荣赏的人不愿接受荣赏。《狄欧断篇》,第58卷,第14章,辑自君士坦丁·保尔菲罗折尼都斯《品德与邪恶》。塔西佗《史记》第15卷第72章里曾记述尼禄在发现并惩罚一个捏造的反叛阴谋的时候,如何把胜利奖饰颁给柏特罗尼乌斯·杜尔比利亚奴斯、涅尔瓦和蒂哲利奴斯。又在第13卷第53章记述了罗马将军们如何因为轻视"世传的胜利勋章"这种荣赏而不愿作战。

[②] 这个国家的君主很知道他的政府的原则。

[③] 见希罗狄恩:《罗马史》。

君主政体的原则也就腐化了。

但是，如果君主的权力越大，他的安全便越少的话（各时代的历史都证明是如此），那么，腐化这个权力，直到改变这个权力的性质，这不是轻于背叛君主的大逆罪吗[84]？

第八节　君主政体原则腐化的危险

害处不在于一个国家从一个宽和的政体转变为另一个宽和的政体，例如从共和国转变为君主国，或是从君主国转变为共和国，而是在于一个宽和的政体堕落下来并急转为专制主义。

多半的欧洲国家至今还受着风俗的支配。但是如果由于长期滥用权力，如果由于进行巨大的征服战争，专制主义就有可能在一定程度上获得巩固，风俗和气候就都不能和它对抗；在世界这个美丽的部分，人性至少在一个时期将要遭受侮辱，像在世界的其他三个部分人性受到侮辱一样。

第九节　贵族如何倾向于拥护王室

英国的贵族把自己和查理一世同葬于王室废墟之下。在那以前，当菲利普二世企图用自由这个字眼为饵去笼络法国人的时候，王室始终获得贵族们的支持。贵族们认为，服从一个君王是光荣的事，同人民共有权力是最大的耻辱。

奥地利的皇室曾经不断压迫匈牙利的贵族。它不晓得那些贵族有一天对它将有莫大的帮助。它用尽方法搜刮这些民族的钱财，其实这些民族并没有多少钱财；但是奥地利皇室却看不见那里的众多的人。当许多王侯起来瓜分奥地利皇室的各邦的时候，这个君主国的各部分竟坐以待毙，毫无动静，以致纷纷瓦解。当时唯一有生命力的就是匈牙利的贵族，他们愤怒了，他们为了战斗而忘掉了一切；他们认为牺牲性命，不念旧怨，是最大的光荣[85]。

第十节 专制政体原则的腐化

专制政体的原则是不断在腐化的，因为这个原则在性质上就是腐化的东西。别的政体之所以灭亡是因为某些特殊的偶然变故，破坏了它们的原则。专制政体的灭亡则是由于自己内在的缺点。某些偶然的原因是不能够防止它的原则腐化的。所以专制政体，只有气候、宗教、形势或是人民的才智等等所形成的环境强迫它遵守一定秩序，承认一定规则的时候，才能够维持。这些东西可能对专制政体的性质发生强有力的影响，但是不能改变专制政体的性质，专制政体的凶残性格仍然存在；这种性格只能暂时地被制服。

第十一节 政体原则的健全和腐化的自然结果

政体的原则一旦腐化，最好的法律也要变坏，反而对国家有害。但是在原则健全的时候，就是坏的法律也会发生好的法律的效果；原则的力量带动一切。

克里特人使用一种极奇怪的方法，使重要官吏必须守法。这个方法就是叛变。一部分公民可以揭竿而起，赶走官吏，强迫他们恢复平民的身份。人们认为这种做法是有法律根据的。这样的一种制度，准许用叛乱去制止权力的滥用，看来似乎可以颠覆任何一个共和国。但是这个制度并没有毁坏克里特共和国。理由是这样①：

当古人要谈论一个最热爱祖国的人民的时候，他们一定会提到克里特人。柏拉图②说："祖国这个名字对克里特人是如何甜蜜可爱！"他们用表示母爱的一个名词去称呼他们的祖国③。对祖国的热爱矫正了一切。

波兰的法律也有准许叛变的规定，但是叛变所发生的弊害清楚地说明，惟有克里特人能够成功地使用这个补救方法。

希腊人所建立的体育运动，也同样需要有良好的政体原则。柏拉图说④："就是拉栖代孟人和克里特人开始创立那些著名的竞技场，使他们在世界上获得了卓越的地位。最初，人们的廉耻心受到震惊，但是廉耻心终于向公共的利益让步。"在柏拉图的时候，这些制度是令人景慕⑤的，因为它们和一个重要的目标联系着，这个目标就是军事技术。但是当希腊丧失了品德的时候，这些制度却反而破坏了军事技术；人们出现于决斗场上，已不是为着锻炼，而是为着腐化⑥。

---

① 他们总是首先联合起来反抗外来的敌人，这叫做"联合主义"。见普卢塔克：《道德著述》，第88页。
② 《共和国》，第9卷。
③ 普卢塔克《道德著述》中"论老人是否应该参与国政"。
④ 《共和国》，第5卷。
⑤ 体育分成两部门：跳舞和角斗。在克里特，人们可以看到丘列特斯的武装跳舞；在拉栖代孟，可以看到卡斯托尔和波留克斯的武装跳舞；在雅典，可以看到帕拉斯的武装跳舞，这对还没有达到服兵役年龄的青年是很合适的。柏拉图在《法律》第7卷中说，角斗是战争的形象。他颂扬古代只创立两种跳舞：和平舞和剑舞。柏拉图在同书内述述剑舞如何应用到军事技术上去。
⑥ "拉栖代孟体育场的竞技，毋宁说是淫秽的。"马尔西阿尔：《短诗集》，第4卷，讽刺诗第55首。

普卢塔克告诉①我们，和他同时代的罗马人认为这些竞技就是希腊人沦为奴隶的主要原因。其实不然，正是希腊人的奴隶状态腐化了那些体育运动。在普卢塔克那个时代②，人们在公园里裸体搏斗和角力，使青年精神松懈，使他们倾向于卑污的情欲，使他们成为单纯的卖技者。但是在爱巴米农达斯那个时代，角力的运动使梯柏人在柳克特拉战役中取得了胜利③。

当国家没有丧失它的原则的时候，法律就很少是不好的。这就好像伊壁鸠鲁在谈论财富时所说的："腐败的不是酒，而是酒器。"④

第十二节 续前

在罗马，法官起初是从元老院的元老这一等级中选出的，格拉古兄弟把这个特权转移给武士们；杜鲁苏斯把它给予元老和武士；苏拉只给予元老们；哥塔给予元老、武士和度支官；恺撒又把后者除掉；安东尼把元老、武士和百人长等编成"十人队"。

当一个共和国腐化了的时候，除了铲除腐化，恢复已经失掉了的原则而外，是没有其他方法可以补救所滋生的任何弊害的。一切其他纠正方法不但无用，而且有可能成为一个新的弊害。当罗马还保持着它的原则的时候，司法权可以放在元老们的手中而不致被滥用。但是当罗马腐化了的时候，不管司法权力移转给哪一个团体，给元老、武

---

① 《道德著述》中"有关罗马的问题"第15题。
② 普卢塔克：《道德著述》。
③ 普卢塔克《道德著述》中的"杂谈"第2卷第5题。
④ 古代盛酒的器皿常常用能够腐坏的材料如皮革之类制成。——译者

士、度支官也好，给这些团体中的两个团体也好，同时给三个团体也好，给其中的任何一个也好，事情总是弄不好的。武士并不比元老们有品德，度支官也不比武士们好，武士和百人长一样地缺少品德。

在罗马的人民获得了同贵族一样担任公职的权利而后，人们自然会想，阿谀人民的人们将要变成政府的主人了。但是事情并不如此。我们看到罗马人民虽然让平民得以担任公职，但是人民却总是选举贵族。因为人民有品德，所以他们宽宏大量；因为他们有自由，所以他们轻视权力。但是当罗马人民丧失了他们的原则的时候，他们越拥有权力，他们便越不谨慎，最后，他们成为自己的暴君，又成为自己的奴隶，这时他们便失掉了自由的力量，并由于放纵而衰弱无力了。

第十三节　誓言在有品德的人民中的效力

狄特·李维说[①]：罗马人的淫逸之风产生得最迟；罗马人以节制与贫困为光荣的期间也最长；在这两件事上，没有其他人民可以同罗马人相比拟。

"誓言"在罗马人中有很大的力量，所以没有比"立誓"更能使他们遵守法律了。他们为着遵守誓言常是不畏一切艰难的，但是为着光荣和祖国则不是这样。

执政官古因提乌斯·金金纳都斯要在罗马募集一支军队去征伐埃魁人和窝尔西人，但是护民官们反对。执政官说："好吧！让那些去年向执政官立过誓的人们在我的旗帜下前进吧！"[86][②] 护民官们呼喊说，

---

① 《罗马编年史》，第1卷，"绪论"。
② 同上书，第3卷，第20章。

这个誓言已经失效，说他们立誓的时候，古因提乌斯只是一个私人而已；但是这些呼喊是徒然的。因为人民比那些竟想前来领导他们的人们更有宗教的虔诚；他们不理睬护民官们所提出的区别与解释。

当这些人要退到圣山去的时候，他们感到受着对执政官们所做过的、要跟随执政官们去作战的誓言的约束①。他们便计划把执政官们杀掉，但是人们告诉他们，就是杀死执政官们，誓言仍然是有效；他们便放弃这个计划。现在从他们所要犯的罪行去看，就不难了解他们对违背誓言是抱怎样的一种观念。

坎奈战役之后，人民惊慌了，要退到西西里去[87]。斯基比欧叫他们立誓，决不离开罗马；惧怕违背这个誓言，终于战胜了其他的一切惧怕。罗马如同一只船，在狂风暴雨中有两个锚系着它，一个是宗教，一个是风俗。

第十四节 政制最轻微的变更如何会使原则受到破坏

亚里士多德告诉我们[88]，迦太基是一个治理得很好的共和国。波利比乌斯告诉我们，在罗马和迦太基间发生第二次布匿战争②的时候，迦太基有一个缺点，就是元老院几乎已经完全丧失了它的威权。狄特·李维告诉我们[89]，当汉尼拔回到迦太基的时候，他发现官吏和士绅们将公共的收入攫以利私，并且滥用他们的权力。由此可见，官吏们的道德是和元老院的威权同时丧失了的；因为这一切都是从同一政体原则产生出来的。

---

① 《罗马编年史》，第2卷，第32章。
② 约一百年后。

谁都知道罗马监察制度的奇迹。有一个时候，监察制度成了一种沉重的负担；但是人们还是支持它，因为当时奢侈的风气甚于腐化。格老狄乌斯削弱了监察制度；这种削弱又使腐化的风气超过了奢侈，而监察制度便仿佛是自己消逝了[①②]。这一制度，曾经被破坏过，又经请求恢复；它恢复了，又被抛弃了，然后，便完全停顿下来，一直到成为无用之物的时候为止，——我指的是奥古斯都和格老狄乌斯的朝代。

第十五节　保持三原则极有效的方法

在人们读完了以下四节之前，我没有法子让人了解我的意思。

第十六节　共和国政体的特质

共和国从性质来说，领土应该狭小；要不这样，就不能长久存在。在一个大的共和国里，因为有庞大的财富，所以就缺少节制的精神；许多过分巨大的宝库都交由单独的个人去经管；利益私有化了；一个人开始觉得没有祖国也能够幸福、伟大和显赫；不久他又觉得他可以把祖国变成废墟以获致一己的显赫。

在一个大的共和国里，公共的福利就成了千万种考虑的牺牲品；公共福利要服从许多的例外；要取决于偶然的因素。在一个小的共和

---

① 见狄欧：《罗马史》，第38卷；普卢塔克：《西塞罗传》；西塞罗：《致阿蒂库斯书简》，第4卷，第10、15信；阿斯康尼乌斯：《论西塞罗〈占卜术〉》。
② 甲乙本无"仿佛是"三字，在开头各版又附有这个脚注：护民官阻止他们进行人口调查分级，并且反对他们的选举，见西塞罗：《致阿蒂库斯书简》，第4卷，第10、15信。

国里，公共的福利较为明显，较为人们所了解，和每一个公民的关系都比较密切；弊端较少，因此也较少受到庇护。

拉栖代孟的所以能够长久存在，是因为它在所有的战役之后，都维持原有的领土。拉栖代孟唯一的目标就是自由；自由唯一的好处就是光荣。

希腊各共和国的精神，就是满足于自己的领土，如同满足于自己的法律一样。雅典起了野心，又把这种野心传授给了拉栖代孟。但是这个野心与其说是要统治奴隶，毋宁说是要统治自由人民；与其说是要破坏联盟，毋宁说是要做联盟之主。到了君主政体兴起的时候，一切就都完了。君主政体的精神比较倾向于扩张主义。

除了有特殊情况而外①，共和政体以外的任何政体都不容易在一个单独的城市存在下去。如果这么小的一个国家有一个君主的话，他当然要想压迫他的人民，因为他的权力大，而享受权力和使权力受到尊重的方法少，所以他便要尽量蹂躏他的人民了。在另一方面，这样的一个君主很容易受某一外国的力量、甚或受某一本国的力量的压制：人民在任何时候都可能联合起来反对他。一个单一城市的君主被人从城市驱逐出去的时候，混乱就结束了；如果一个元首有几个城市的话，那么混乱就只是开始而已。

第十七节　君主政体的特质

一个君主国的领土的大小应该适中。如果是狭小的话，便将形成一个共和国；如果很广大的话，则国中显要的人物各自拥有相当的权

---

① 例如一个小国的元首介于两大国之间，依靠着两大国相互间的嫉妒而生存。不过他的生存是不稳固的。

势,他们不把君主放在眼中,他们在朝廷之外各有自己的朝廷;不但如此,他们也深知法律和风纪对他们不能迅速执行,因此可能不再服从君主了;他们对来自遥远而又迟缓的刑罚无所畏惧。

所以查理曼刚刚建立好帝国,便不得不立即把它分割了。这或者是由于各省总督不服从命令,或者是因为有必要把帝国分割成为几个王国,以便更好地使总督们服从。

在亚历山大死后,他的帝国便被分割了。希腊和马其顿的那些大人物们是自由的人,或者至少是散布在他那广大帝国各地的征服者们的首领,他们怎有可能服从呢?

阿提拉死后不久,他的帝国便瓦解了。那些已经不受拘束的王侯是不能再给自己戴上锁链的。

迅速建立无限制的权力是一个补救的方法。它在这些情形之下,可以防止帝国的瓦解。但是它也是帝国扩张的灾难以后的新灾难!

河川的水迅速地流着去同大海汇合;君主政体的国家就这样消失在专制主义的大海里。

第十八节 西班牙君主政体的特殊情况

人们不必拿西班牙的例子来反驳我;西班牙的情况毋宁说恰好可以证实我的说法。为着要保持亚美利加,西班牙做了连专制主义本身都不愿做的事;它把那里的居民摧毁了。为着要保持它的殖民地,它不得不使殖民地连生存也要依赖着它。

西班牙在荷兰,也曾企图实行专制主义。当它放弃了这个企图的时候,它的困难增加了。一方面,瓦龙人不愿受西班牙人的统治;另一方面，西班牙的士兵也不愿意服从瓦龙的军官[①]。

在意大利，西班牙维持了它的地位，但这也只有把自己弄得精疲力尽，而使意大利日益富庶起来而已。因为就是那些愿意摆脱西班牙王统治的人们也不愿意因此舍弃西班牙王的金钱。

第十九节　专制政体的特质

一个广大帝国的统治者必须握有专制的权力。君主的决定必须迅速，这样才能弥补这些决定所要送达的地区的遥远距离；必须使遥远的总督或官吏有所恐惧，以防止他们的怠忽；法律必须出自单独的个人，又必须按照所发生的偶然事件，不断地变更。国家越大，偶然事件便越多。

第二十节　以上各节的结论

因此，如果从自然特质来说，小国宜于共和政体，中等国宜于由君主治理，大帝国宜于由专制君主治理的话，那么，要维持原有政体的原则，就应该维持原有的疆域，疆域的缩小或扩张都会变更国家的精神。

第二十一节　中华帝国

对于我在上面所说的一切，人们可能有所非难，所以我在未结束

---

① 见勒克列尔：《联省的历史》。

143

本章之前，必须加以回答。

我们的传教士们告诉我们，那个幅员广阔的中华帝国的政体是可称赞的，它的政体的原则是畏惧、荣誉和品德兼而有之。那么，我所建立的三种政体的原则的区别便毫无意义了。

但是我不晓得，一个国家只有使用棍棒[90]才能让人民做些事情，还能有什么荣誉可说呢[①]。

加之，我们的商人从没有告诉我们教士们所谈的这种品德；我们可以参考一下商人们所说的关于那里的官吏们的掠夺行为[②]。

我还可以找出知名人士安逊勋爵作见证[③]。

此外，巴多明神父的书简，叙述皇帝惩办了几个亲王[④]，因为他们皈依基督教，惹起皇帝的不快。这些书简使我们看到那里经常施行的暴政，和依据常例——也就是无情地——对人性进行残害的大略情形。

我们还有德麦兰和巴多明神父关于谈论中国政府的书简。在读了几个很合道理的问答之后，奇异之点便都消逝了。

是不是我们的教士们被秩序的外表所迷惑了呢？是不是因为在那里，不断地行使单一的个人意志，使他们受到了感动呢？教士们自己就是在受着〔教皇〕单一的个人意志的统治，所以在印度诸王的朝廷里，他们也极愿意看到同样的统治。因为，他们到那里去的使命只是要提倡巨大的变革，那么要说服君主们使相信君主自己什么都能够做，

---

① 杜亚尔德在其《中华帝国志》（第2卷，第134页）中说，统治中国的就是棍子。
② 见郎治及他人的记述。
③ 甲乙本无此句。
④ 属苏尔尼阿马〔译音〕家族，《耶稣会士节简集》，第18辑。

总比说服人民使相信人民自己什么都能忍受,要容易些①。

然而,就是在错误的认识本身中也常有某些真实存在。由于特殊的情况,或者是绝无仅有的情况,中国的政府可能没有达到它所应有的腐败程度。在这个国家里,主要来自气候的物理原因曾经对道德发生了有力的影响,并做出了各种奇迹。

中国的气候异样地适宜于人口的繁殖。那里的妇女生育力之强是世界上任何地方所没有的。最野蛮的暴政也不能使繁殖的进程停止。在那里,君主不能像法老一样地说,"让我们明智地压迫他们吧!"他只好归结到尼禄的愿望:希望全人类只有一个首领。中国虽然有暴政,但是由于气候的原因,中国的人口将永远地繁殖下去,并战胜暴政。

中国和所有其他产米的国家一样②,常常会发生饥荒。当人民要饿死的时候,他们便逃往四方去谋生;结果各地盗贼便三三五五结伙成群了。多半的贼帮都在初期就被消灭了;其他的增大起来,可是又被消灭了。但在那么多而且又那么遥远的省份里,就可能有一帮恰巧成功了。它便维持下去,壮大起来,把自己组织成为军事团体,直接向首都进军,首领便登上宝座。

在中国,腐败的统治很快便受到惩罚。这是事物的性质自然的结果。人口这样众多,如果生计困乏便会突然发生纷乱。在别的国家,改革弊政所以那么困难,是因为弊政的影响不那么明显,不像在中国那样,君主受到急遽的显著的警告。

中国的皇帝所感悟到的和我们的君主不同。我们的君主感到,如

---

① 在杜亚尔德的著作里,我们可以看到教士们如何利用康熙的权力去塞住官吏们的嘴巴。——官吏们老是说,按照中国法律,外国人不得在帝国内设教。
② 见本书,第23章,第14节。

果他统治得不好的话，则来世的幸福少，今生的权力和财富也要少。但是中国的皇帝知道，如果他统治得不好的话，就要丧失他的帝国和生命。

中国虽然有弃婴的事情，但是它的人口却天天在增加[①]，所以需要有辛勤的劳动，使土地的生产足以维持人民的生活。这需要有政府的极大的注意。政府要时时刻刻关心，使每一个人都能够劳动而不必害怕别人夺取他的劳苦所得。所以这个政府与其说是管理民政，毋宁说是管理家政。

这就是人们时常谈论的中国的那些典章制度之所由来。人们曾经想使法律和专制主义并行，但是任何东西和专制主义联系起来，便失掉了自己的力量。中国的专制主义，在祸患无穷的压力之下，虽然曾经愿意给自己戴上锁链，但都徒劳无益；它用自己的锁链武装了自己，而变得更为凶暴。

因此，中国是一个专制的国家，它的原则是恐怖。在最初的那些朝代，疆域没有这么辽阔，政府的专制的精神也许稍为差些；但是今天的情况却正相反。

[①] 见一总督主张开荒的奏议，载《耶稣会士书简集》，第21辑。

原编者注

1. 本书最初几版的书名,用的是一种纲目性的题名法,如:"论法的精神,即法律同各种政制、风俗、气候、宗教、商业等等应有的关系。此外,著者又对罗马关于承继的法律、法兰西的法律和封建的法律,做了新的研究。"
2. 人们曾正确地把这段和毕丰所著《论文体》内所表示的意见相比较。
3. 这里从达·科雷久借用"画家"一词。科雷久在拉斐尔的一个画像面前发现了自己的使命。
4. 据孟德斯鸠这部著作的拉布莱版本(1875—1879年印行)指出,著者的这个"说明在本书最初几版是没有的。它是为回答当时的评论而写的。十八世纪的一个法国人竟然不把品德当做君主政体的原则;这些评论认为,这是对政府的侮辱,并且几乎是一种叛逆罪。"此外,孟德斯鸠——在这几行说明的末尾也指出——给予"品德""荣誉"等名词以极有限制的、几乎是专门的涵义。
5. 本书最初几版并未分成六卷。1750年版开始分卷。孟德斯鸠在给格罗理的一封信里,认为这个分法是最正确的。

6甲. 《为〈论法的精神〉一书辩护》里指出:"著者的目的是在攻击霍布斯的理论体系。这个体系是可怕的;它认为一切品德和邪恶都取决于人类所制定的法律的建立;它又企图证明人类全都是生来就处于战争的状态中的;企图证明自然法的第1条就是一切人反对一切人的战争。霍布斯这种理论体系,像斯宾诺莎一样,推翻了一切宗教和一切道德。"

6乙. "建立了公道的关系",指的是通过立法加以确定。

7. 即没有加以理论化。

8. 参看霍布斯:《论公民》,序言。

9. 亚里士多德:《政治学》,第1卷,第1章。

10. 原文作"万民法",droit des gens(拉丁文 gentes 即指民族)。

11. 易洛魁人居住在美国北方,加拿大南方,是一个尚武的部落,当时很好战,以后衰颓了。

12. 格拉维那(1664—1718),法学家,生于喀拉布里亚的罗利安诺。

13. 例如费尔马(1604—1688),英国政治著作家,生于肯特郡,著有《长老》一书。

14. 关于这个分法,人们曾想到亚里士多德的分法,把政体分为君主政体、贵族政体和共和政体(《政治学》,第3卷,第5章,第2、3节)。伏尔泰评论《论法的精神》时,认为君主政体和专制政体是极相类似的。

15. 李巴尼乌斯(314—390),希腊诡辩学者,甚为背教者茹利安所宠信。

16. 亚里士多德:《政治学》,第6卷,第2章。

17. 经验似乎不能十分肯定这种乐观主义。

18. 马基雅弗利:《论狄特·李维》,第1卷,第47章。孟德斯鸠:《罗马盛衰原因论》,第8章。

19. 亚里士多德:《政治学》,第2卷,第12章。

20. 同上书,第4卷,第9章。

21. 在这里和后面,孟德斯鸠所想到的主要是威尼斯。

22. 亚里士多德:《政治学》,第5卷,第8章。

23. 孟德斯鸠以法国为君主政体的范例。

24. 这让人想起英国查理一世的箴言:"没有主教就没有君主"("没有十字架就没有王冠")。

25. 当然是法国。

26. 指的是国会,有登录法令与规劝国王的权利。

27. 人们曾指出,"品德"这个词的涵义应该是公民的品德。亚里士多德已经把公民的品德和善人的品德联系在一起,然而这二者是完全有区别的(《政治学》,第3章,第2节)。

28. 亚里士多德:《政治学》,第5卷,第8章。

29. 同上书,第2卷,第2章。

30. 见孟德斯鸠注及上面第27号注。

31. "臆想"原文 spéculation (推测、空理论),指的是哲学家们的推断。

32. 这里,孟德斯鸠在本书最初几版有一个注:"这本书是布尔塞等在红衣主教李索留的监督下,依据李氏的记录写成的。布尔塞等是他的随员。"

33. 亚里士多德:《政治学》,第5卷,第9章。

34. 博雪在所著《万国史论》第3篇第6章中说:"什么东西使我

149

们的贵族在战斗时那样骄傲,在事业上那样勇敢?这是因为他们自幼就接受一种见解,而且这种见解是民族的共同感情所形成的。这种见解是:一个人如果没有勇气,便等于自甘堕落,并且没有活在人间的价值。"

35. 博雪在同上书中说:"罗马人的素质就是爱自由和爱祖国。爱其一即爱其二。因为,由于他爱自由,他也就爱祖国,像爱母亲一样。母亲就在又宽宏豁达又自由的感情中把他培育了起来。自由这个名字,在罗马人和希腊人的想象里,就是这样一个国家,那里的人只受法律的约束,那里的法律比人还要有权力。"

36. 《西瓦楠布人的历史》是一本小说,约于1671年出版,著者为卫拉斯·达莱。这是一本相当拙劣地模仿托马斯·莫尔的《乌托邦》的作品。

37. 威廉·贝恩,宾夕法尼亚的立法者。

38. 耶稣会士。

39. 詹森会的教士指责这整段文字,认为作者太袒护耶稣会士。从耶稣会士方面看来,则认为这段文字对他们不够尊重(参照孟德斯鸠1750年5月27日《致德·斯丹维尔先生信》)。

40. 《历史》,第4卷,第20、21章。

41. 《共和国》,第4卷。柏拉图把雄辩、诗歌和历史都放进"音乐"类里去。

42. 《政治学》,第8卷,第5章。

43. "中庸的"这个词,应该去掉它的一切轻蔑的涵义,这样它才不会和孟德斯鸠所欲赞扬的东西发生重大的矛盾。

44. 按塞内加的意思,只认为有乱伦之嫌而已。实际上,在罗马是不会容许这类婚姻的。

45. 《政治学》，第2卷，第9章。
46. "公开的"就是说人人都可以提出控告。
47. 元首的官殿也有这类设置。
48. 即"出售遗产人的亲属得在一定期间内备价赎回售出的遗产的权利"（李特烈①）。
49. 按规定，人们有一年零一日的期限行使遗产赎回权。
50. 指法兰西君主国。下节亦举法国为例。
51. 《法律》，第3卷，第10章。
52. 暗指法国的议会。
53. 参照沙尔旦：《波斯旅行记》。
54. 曾有人指出：查理十二世不是在本达，而是在德摩狄迦。
55. 暗指斯特雷利兹部队。
56. "班谭"是爪哇岛上的王国。
57. 据传，阿尔达克塞尔克塞斯有一百十五个儿子。阴谋反对他的只有五十个，并都被处死。
58. 塞内加：《德洛衣妇女》，第1140—1141节。
59. 维克多·阿麻德乌斯（1666—1732）是西西里和撒地尼亚的第一个国王。
60. 原文为"Goujat"。这里用的是它的原始意义，即卑贱的仆役。这个字当时是用以指军中的仆役。
61. 指的是英国。

---

① 指李特烈所著《法语辞典》。下同。——译者

62. 拉布莱注:"这里,随达斯的话,是从约翰·唐第奥克的著作摘出的,在君士坦丁·保尔菲罗折尼都斯的选本《品德与邪恶》内也看到,不过文中略加更改,以便更准确地指出,阿那斯塔西乌斯把政府中一切好的东西都给弄坏了。我这个说法是依据克列维埃的。"

63. 拉布莱又指出,这句话是从李索留的《政约》借来的。

64. "取得的财产"是夫妻自己劳动取得的,不是从承继而来的;"免除"课役的贵族财产是经领主免除了一切课役的世袭财产(见李特烈);"妻产"是妻保留有管理权的个人财产。

65. 人们曾指出,孟德斯鸠在这里立论太草率了一些;因为比方说,阿拉伯人就有从宗教的法律产生出来的民法,又有极狡猾的律师。

66. 贝加里亚:《犯罪与处罚》第4章。

67. 又有法国。

68. 这里指的是总检察官的职位;他就是代表国王的公诉人。

69. 孟德斯鸠这里所想到的也是法国,这在后面(第16节)可以看到。

70. 这书的著者是(约翰)斐里(1670—1732),英国的旅行家,彼得大帝的工程师。

71. 克列维埃说:"原文的意思是:阿那斯塔西乌斯把职位给不够资格的臣民。但是随达斯的古拉丁文被孟德斯鸠先生误解了。"

72. 甲本将"当……的时候"这几个字去掉,因而句法含糊。

73. 本书第16章第12节又论述这个题目。

74. 至少普卢塔克书里的人物中有一个人这样说。

75甲. 这里孟德斯鸠引用塔西佗这段拉丁文,但该段拉丁文的意思却只是如此!

75乙. 这里孟德斯鸠引用塔西佗这段拉丁文,但该段拉丁文的意思却只是如此!

76. 这里孟德斯鸠引用塔西佗一段拉丁文,但这段拉丁文的意思却是:"家庭法庭主张减轻瓦利拉奸淫罪的刑罚。它认为,按照祖宗的习惯,瓦利拉的家庭应该把他流放到离开罗马二百里的地方去。共犯曼利乌斯被禁止在意大利和非洲居留。"人们曾经指出,这对提贝留斯所要求的刑罚是减轻,不是加重。

77. 拉布莱所引克列维埃的注说:"哪儿也没有人说过这三种法是出于监察官们的恳请或要求。执政官们和护民官们依据职权,自动让人制定了这些法律,并不需要监察官部的惩处。法尼安法和利基尼安法并不是特别关系妇女的立法。它们规定并节制饭食的费用。"

78. 拉布莱引克列维埃注:"杜彬指出,在这里,孟德斯鸠弄错了,把萨尔马第的民族苏尼特人当做意大利的民族撒姆尼特人。斯托抱斯称苏尼特人为 Sunitae。"

79. 见《波斯人信札》第38信和《尼德庙》歌Ⅲ。

80. 《盛筵记》,第4章。参看柏拉图:《共和国》,第8卷。

81. 孟德斯鸠在这里受到了西塞罗(《论共和国》,第43、44章)和柏拉图(《共和国》,第8卷)的启示;他有时完全依照柏拉图的说法。

82. 这里指的显然是路易十四世。

83. 人们曾指出,孟德斯鸠心里想的是杜布哇红衣主教。不知是否

153

确是这样。

84. 拉布莱指出卞雅敏·康斯坦在他的《宪法读本》（第2卷，第244页）里曾"再论并支持"这些看法。

85. 孟德斯鸠这里所想到的，显然是1741年至1748年奥地利王位继承战争时匈牙利贵族们的态度，又想到他们的口号："让我们为我们的君王马丽亚·蒂烈萨而死！"

86. 克列维埃指出：实际上，问题并不是前一年的执政官，——军士们已经不受誓言的约束，——而是当年被杀的执政官；这个执政官被杀后由金金纳都斯继任。

87. 绝不是人民，而只是几个失败主义的军人。参照狄特·李维：《罗马编年史》，第22卷，第53章。

88. 《政治学》，第2卷，第11章。

89. 狄特·李维：《罗马编年史》，第23卷，第46章。

90. 这里可以看到，"哲学家们"对于中国及中国文化底蕴的看法和教士们对哲学家们所宣传的看法，至少都是一样肤浅的。